JN485121

새로운 관점을 디자인하라

Creative Visualizer

머리말

창의 인재로 거듭나라, Creative Visualizer

창의는 신화와 미신 사이에서 빠져 있다. 신화적 관점에서의 창의는 천재들의 비범한 능력이나 특성으로만 주장하고, 미신적 관점에서는 누구나 창의적일 수 있다고 주장한다. 예를 들어 "스티브 잡스가 왜 천재입니까?"라고 물으면 "아이폰이라는 창의적 스마트폰을 만들었으니까요"라고 하고, "아이폰이 왜 창의적입니까?"라고 물으면 "스티브 잡스라는 천재가 만든 거니까요"라고 답하는 격이다. 다시 말해 원인과 결과의 동어반복적(tautological) 관계를 내포하는 논리적 맹점을 갖는다.

창의력의 발휘나 개발을 위한 구체적인 방법이나 대안도 없이 천재들이 만든 산출물들을 일반인도 만들 수 있고 또 만들어야 한다고 설파한다. 1%에 미치지 못하는 성공 사례만을 가십성으로 도용하여 천재들의 신화를 재생산하고, 창의력이 천재의 영역이긴 하나 인간은 누구나 창의적일 수 있다는 주장으로 조합되어 "우리 모두 창의적이어야만 한다."고 주장하는 실정이다.

이러한 까닭에 지금부터의 창의 교육은 창의에 대한 실체나 과정에 대한 고찰을 바탕으로 진행될 것이다. "창의가 뭐지?", "나와 도대체 무슨 관계가 있다는 거야?", "창의력을 개발할 수 있는지, 있다면 어떻게 해야 하는 거지?", 여기에 대해 함께 탐구해보고자 한다.

'Creative Visualizer'는 변화하는 미래 시대에 새롭고 가치 있는 올바른 아이디어로 도전하는 디자이너를 꿈꾼다. 특히 창의는 인간다운 성품과 역량을 말하는 인성과는 달리, 긍정적일 수도 부정적일 수도 있는 영향력을 가지고 있다.

창의가 갖는 이러한 양면성을 깨닫고 올바르게 창의를 발현하는 인재로 거듭나기 위한 짧은 여정을 시작한다.

새로운 관점을 디자인하는 10단계 여정

차례

Creative

일러두기

– 모든 Chapter는 **'들어가기'**를 통해 전체의 내용을 간략하게 훑어볼 수 있다.
– 추가적인 설명이 필요한 경우 **'관점 더하기+'**를 통해 확인할 수 있다.
– ✎ 표시가 있을 경우, 독자가 워크북으로 활용하여 자신의 관점을 적을 수 있다.

Chapter 8. 노력과 혁신의 산물은 창의적 사고

Chapter 9. 창의 산업과 창의 노동

Chapter 10. 조직도 학습한다. 창의 혁신 기업

Chapter 11. 창의를 완성하는 디자인 사고 입문

Chapter 12. 디자인 사고에 응용하는 창의적 사고 기법

Chapter 13. 창의적 문제 해결 발표

Chapter 14. 창의 인재로 거듭나기

Visualizer

CHAPTER 1.

창의 여정 시작하기

들어가기

창의력이 개인과 조직의 성패를 좌우하는 시대이다. 새롭고 가치 있는 아이디어를 도출하고 활용하는 창의력을 향상시킬 수 있다면 더 큰 성과와 경쟁력을 갖게 될 것이다.

이 책은 학계 또는 산업 현장에서 통일되지 않은 창의력의 개념과 핵심요소를 정리하고 창의력 향상 방안 및 기법을 습득해, 창의적 마인드를 함양하고 창의력을 효과적으로 개발하고 발휘할 수 있도록 실질적 가이드를 제공하는 데 그 목적이 있다.

- 변화하는 미래사회에서 창의력의 의미와 중요성 인식
- 창의력의 핵심개념 이해와 창의적 마인드 함양
- 창의적 사고기법 습득을 통해 다양한 아이디어와 새로운 해결책 도출
- 아이디어 창출과 최적 대안 선정으로 합리적 의사결정 능력 확보

1.

'창의'가 세상에 알려지다

지금 대학에서 수업을 듣고 미래의 직업을 얻거나 만들기 위해 노력하는 학생은 학창 시절 교과서에서는 가르쳐주지 않는 단어 하나를 대중 매체 속에서 상당히 높은 빈도로 보고 들어왔다. 바로 '창의(creativity)'이다. 같은 시기에 직장을 다니는 사람들도 기업조직 내에서 창의성 진단을 실시하고 교육과 연수를 다녀오며 창의와 관련된 책들을 회사로부터 받아 읽고 발표하기에 바빴다.

기업에서 창의를 강조하기 시작하면서 자연스럽게 대학교육에서도 창의를 교과목으로 다루기 시작하였고, 이제는 고등교육 수업을 통해서 창의에 대한 영역을 공부할 수 있게 되었다.

역사적으로 창의는 인류의 생존을 이끌어온 역량으로 문명을 발전시켜오는 데 큰 역할을 해왔다. 20세기 전까지 시간의 속도는 느렸지만 창의를 통해 인간이 가지고 있는 욕망과 소망 그리고 지식을 표현하는 방법이 되었다. 인간 내면에 대한 의미로만 해석되던 창의는, "외부 환경과 동기 부여가 창의에 큰 영향을 준다"고 하버드 경영대 테레사 아마빌레(Teresa Amabile) 교수가 주장하기 시작하면서부터 여러 학문 분야에서 창의를 연구하고 관심을 갖기 시작하였다.

창의가 대중 매체의 관심사항으로 세상에 알려진 것은 아이팟 신화로 대표되는 애플사의 창립자이자 전 CEO인 스티브 잡스(Steve Jobs)의 재기와 성공 그리고 기존의 IT 생태계를 공급자 중심에서 소비자 중심으로 바꾸어 놓은 혁신에 주목하면서부터이다. 모든 산업영역은 산업화시대와 정보화시대를 넘어 창의산업시대로 넘어가는 길목에서, 창의를 실제 비즈니스 상황에서 실현해내는 것이 기업생존의 핵심임을 깨닫고 이를 현실화하는 데 전사의 역량을 투입하고 있다.

대학시절부터 졸업 후 진로를 결정하는 데 있어 많은 영향력을 가지고 있는 기업들의 요구와 상황을 파악하기 위해서는 창의 인재가 되어야 한다. 개인의 창의를 바탕으로 어떻게 집단지성을 통해 조직 창의성에 기여하고 시스템과 조직 속으로 들어갈 수 있는가를 생각하며 진로를 결정하고 미래를 준비한다면, 조직에서 중책을 맡길 수 있는 핵심인재로서의 역량을 쌓는 첫 걸음이 될 것이다.

세상에 창의, 창의성, 창의력이란 단어는 누구나 알 수 있고 흔하게 듣는 단어가 되었다. 또한 여기저기에서 너무 많이 사용하면서 창의라는 단어의 의미도 많이 퇴색되었다고 할 수도 있다. 하지만 아직 이러한 창의에 대한 잠재력을 발견하지 못하고, 발현하기 위해 노력하는 사람은 많지 않음에 주목해보자. 그것이 창의 산업을 이끌어가는 미래의 인재로 성장하는 데 한 발 먼저 나가는 것임을 잊지 말자.

2.
'창의'를 주목하기 시작하다

모든 IT 기기가 연결되어 인간의 삶을 보다 윤택하게 만드는 IoT(사물인터넷) 시대가 열리고 있다. 손목시계가 하루 동안 걸어다닌 거리와 건강 상태를 알려주고, 냉장고가 어제 꺼냈던 음식과 오늘 꺼낸 음식의 선입선취 정보를 알려주며, 체중계가 몸무게를 측정하면 스마트폰에서 지난 3개월간의 체중과 체질량 변화를 도표로 보기 쉽게 알려준다. 이러한 변화가 IoT 시대 이전에 우리의 생활이 불편했다고 생각하게 만들까.

분명히 우리의 삶은 개선되고 이전보다 편리해 진 것이 사실이다. 여기에서 단순한 개선이 아닌 혁신에 의해 우리의 삶이 바뀌어왔다는 것을 알아야 한다. 개선은 불편하다고 느끼게 되어 그때마다 조금씩 바꾸어 나간 것을 의미한다. 혁신이란 개선과 달리 근본적으로 해결하여 만들어 낸 결과물을 통해 기존의 것이 불편했었다는 것을 인지하게 하는 것이다.

개선과 혁신에 대한 차이를 쉽게 설명하는 예로 MP3와 스마트폰 그리고 태블릿PC를 들 수 있다. 전원, 음량, 탐색, 음색, 녹음 등의 기능이 수많은 버튼으로 만들어졌던 디지털음원 재생장치는, 아이팟에 스크롤휠(scroll wheel)이란 개념이 탑재되면서 모든 버튼이 없어졌다. 많은 사람들이 버튼이 없어서 불편할 것이라는 통념을 깨고 사용하다 보면 기존의 버튼으로 일일이 눌러서 사용하던 제품이 너무도 불편해서 쓰지 못하게 된다. 결국 아무도 찾지 않아 시장에서 퇴출되었다.

"왜 컴퓨터에는 쿨러(cooler)가 있어야 하지?"라는 집요한 물음을 엔지니어들에게 강요하여, 마침내 쿨러가 없어 매우 조용한데다 소파에 누워 컴퓨터를 쓰게 해준 것은 아이패드로 시작된 태블릿PC다. 그 전에 컴퓨터는 무릎 위에 놓고 사용한다고 해서 랩톱컴퓨터(laptop computer)지만, 실제로는 책상 위에 놓고 사용했으며 거실 소파에 누워 컴퓨터를 사용한다는 것은 생각하지도 않았다. 하지만 소파에 누워 화면을 몇 번 터치하여 유투브 영상을 감상하게 된 뒤로는 사무용 의자에 앉아 컴퓨터를 켜고 동영상을 보는 것이 불편해졌다.

휴대전화에 컴퓨터에서 사용하는 기능을 모두 넣어 가지고 다닌다는 생각은 어떻게 하게 되었을까? 지금은 무엇인가 모르는 것이 있으면 곧바로 스마트폰을 꺼내서 정보를 검색하면 되는 세상이다. 낯선 곳에 가서도 지도앱을 켜면 버스 번호와 안내도 그리고 GPS와 무선기지국 삼각측량에 의해 나의 위치를 띄어 놓고 주변 정보 결과를 통해 필요한 모든 정보를 받아볼 수 있게 되었다. 예전에 낯선 곳에 가서 길을 묻고 버스 번호를 확인하는 것이 당연했지만 지금은 매우 불필요한 것이 되어버렸다.

이렇게 세상을 뒤바꾼 경험을 통해 많은 사람들은 그 힘의 원천인 '창의'에 대한 관심을 보이기 시작하였고 교육계와 산업계에서 상당히 주목받는 분야가 되었다. 체계적인 이론 학습과 재정의로 복잡하고 다영역적인 창의에 접근하여 '창의적 사고'의 틀을 배우고 익혀 혁신의 역량을 발전시켜 보자. '창의적 문제해결'을 통해 기존에 있던 것이 불편했음을 세상에 알릴 수 있는 기본기를 연습해보도록 하자.

3.
'창의'는 경험이다

인터넷을 통해 소셜미디어(social media)를 접하고 소비를 위해 만들어진 다양한 콘텐츠들을 보다보면, 새로운 생각이나 용기 그리고 도전을 통해 상당한 공감을 끌어내는 내용을 자주 접하게 된다. 베어베터의 김정호, 이진희 공동 대표는 퇴사후 아이와 2년간 여행을 하면서 "더 의미 있는 삶을 살 수는 없을까?"라는 생각을 하기 시작했다. 그러던 중 기존 발달장애인들이 일반 장애인의 취업률 45% 비해 현저하게 낮은 0.7%에 불과하다는 점에 주목했고 세상을 살아가는 일자리를 만들기 위한 '베어베터'를 설립했다.

베어베터는 "발달장애인의 세상을 바꾼다"는 모토로 명함인쇄, 제과, 제빵, 꽃 배달 등 발달장애인들이 생산해낸 다양한 제품들을 100곳이 넘는 주요기업들과 거래하기 시작해, 2019년말 기준으로 240명의 정규직 발달장애인 직원이 근무하고 있다. 이들은 앞으로 20만 발달장애인 모두를 고용하는 것을 목표로 수익은 나누고 재투자한다는 계획을 밝히고 있다.

이들 대표의 창의적 문제해결의 과정과 실천이 없었다면 240명의 직원들은 지금도 생존을 위해 다른 하루를 보내고 있을 것이다. 물론 베어베터의 창립자들은 이 일을 시작하기 전에는 대한민국의 IT 최대기업 네이버의 창업멤버이며 인사담당 임원들이었다. 그만큼 사회생활과 조직생활을 통해 창의적 문제해결에 대한 훈련과 경험을 쌓아왔으며, 이러한 역량을 통해 새로운 사회적 기업을 만들어낼 수 있었고 세상에 조금씩 변화를 주며 의미 있는 일을 할 수 있게 된 것이다. 창의는 기업에서의 조직생활 뿐만 아니라 세상을 살아가면서 자신의 인생경로를 이끌어가는 중요한 역량이다. 또 경험을 통해 연습되고 훈련되어질 수 있다. 대학시절부터 여러 기회에 적극적으로 참여하여 하나씩 배우고 경험하며 창의의 토대를 만들어가도록 하자.

CHAPTER 2.

창의, 정말 필요해?

들어가기

공업과 제조 기반의 산업사회에서 정보화시대로 넘어오는 과정에서 기업들이 창의적 능력을 갖춘 인재를 요구하는 이유를 파악해 보자. 직업세계에서의 자신의 진로목표와 성장경로를 생각하면서, 왜 창의적 사고능력을 갖추어야 하는지 살펴보자.

1.
대학 2.0 시대, 우리는 창의 인재가 될 준비가 되어 있는가?

한국을 대표하는 지성인 이어령 중앙일보 고문은 문학평론가이자 언론인이며 교육자이고 초대 문화부 장관을 역임한 소설가이자 시인이다. 그는 저서 『젊음의 탄생』을 통해 요즘 젊은이들의 쏠림현상을 지적하면서 '9UP'을 통해 아홉 가지의 업그레이드를 위한 창조적 사고 방식을 강조하고 있다. 그는 이 시대의 젊은이들이 수동적인 기존의 사고방식을 벗고, '의심하기, 삐딱하게 보기, 새롭게 보기, 뒤집어 보기, 다르게 보기'를 실천하라고 권장한다. 이러한 실천은 대학생으로서 똑같은 것에서 벗어나 1988년 서울 올림픽의 구호에서 그가 말했던 것처럼 '벽을 넘어서'를 실천하라는 것이다.

이어령 고문은 지난 2008년 서울대학교 입학식 연사로 나서 '대학 2.0시대, Best로 눈뜬 당신 Only로 날아라'라는 주제 강연을 통해 창조적 지성을 당부했다. 그는 과거에 한 방향의 좁은 골목에서 선두만이 Best One이었지만, 작금은 360° 열린 공중으로 'Only(유일한)'라는 독창성이 승리자라는 메시지를 강조하였다. 대학 입학 전 타율의 단계에서 자율의 단계–자신을 위한 교육을 실현하는 단계–로 오랜 시간 굳어온 '사고의 쏠림' 현상을 깨야 한다는 것이다. 편향적 사고와 배척의 지성으로는 스스로의 발전은 물론 세계와의 경쟁에서 이길 수 없기 때문에, 한계를 증명하고 그것을 넘어서려는 높은 정신과 초월적인 상상력을 가지라는 조언으로 창조적 사고방식의 중요성을 강조하고 있다.

우리는 성공한 삶에 대한 개인의 정의와 함께 시대가 요구하는 창의적 인재상에 대해 알아야 하며, 왜 창의를 길러야 하고 길러질 수 있는지에 대한 논의를 발전시킬 수 있어야 한다.

관점더하기+

대학 2.0

대학 2.0이란 단어는 웹 2.0에서 차용한 단어. 웹 1.0시대에는 단방향으로 서비스 업자가 제공하는 정보와 서비스를 일방적으로 수신만 하는 형태라면, 웹 2.0은 응용 프로그램과 데이터를 이용하여 사용자 스스로 새로운 서비스를 창출하는 환경을 제공한다. 즉, 웹 2.0의 출현으로 인해 블로그와 UCC처럼 사용자가 직접 참여하고 이끌어가는 문화, 누구나 손쉽게 멀티미디어 콘텐츠를 생산해 공유할 수 있는 동적인 열린 공간의 사이버 문화가 가능해진 것이다. 이제 대학과 대학생들도 기존의 1.0 버전에서 벗어나 '개방, 자율, 창조'의 2.0 시대로 옮겨가야 한다는 것을 의미한다.

2.
기업의 인재상 : 대학의 인재상

대학을 졸업하고 사회로 진출하려는 대학생들이 기업에 대해 제대로 알기 위해 연혁과 비전 그리고 인재상을 조사하면서 공통적으로 하는 말이 있다. 바로 '창의', 이 창의라는 단어가 빠지지 않고 등장하고 있다. 그렇다면 창의는 무엇인가? 기업들이 인재상으로 가장 많은 키워드를 차지한 역량은 무엇인가?

✎ 아래의 빈칸에 기업 인재상으로 포함될 역량을 적어봅시다.

창의성			

대한상공회의소는 지난 2013년 〈100대 기업이 원하는 인재상 보고서〉를 통해 제조나 운수업은 '도전정신', 금융업은 '전문성', 도소매업은 '주인의식'을 중시한다며, 국내 상위권 기업들이 함께 일할 인재상으로 S.U.P.E.R의 5가지를 가지고 있어야 한다고 밝혔다. S는 전문성(Specialty), U는 창의성(Unconventionality), P는 도전정신(Pioneer), E는 도덕성(Ethicality), 마지막으로 R은 주인의식(Responsibility)이다. 즉 기업들이 원하는 인재상은 가히 슈퍼맨이라고 볼 수 있다. 이 중 창의성은 100대 기업 중 73개사에서 인재상으로 내세우고 있다는 결과도 함께 발표되었다. 이 결과는 2008년 동일한 조사에서 71개사보다 2개사가 늘어난 수치다. 이를 보면 산업 환경이 변화하면서 기업의 인재상도 함께 변해간다는 것을 알 수 있다.

(1) 대기업 인재상

우리나라 경제의 중심 축 역할을 하고 있는 대표 기업들의 인재상에서도 실행 능력을 갖추고 목표를 이루려는 자세를 가진 '창의 인재'를 선발하고자 한다는 공통점을 찾아볼 수 있다.

✎ 아래 표의 가장 하단에 자신이 관심을 갖고 있는 기업의 인재상을 적어봅시다.

SAMSUNG	**● 삼성** 열정(Passion), 창의혁신(Creativity), 인간미·도덕성(Integrity)
HYUNDAI MOTOR GROUP	**● 현대** 도전, 창의, 열정, 협력, 글로벌 마인드로 그룹의 핵심가치를 실천할 수 있는 인재

SK	● **SK** 경영철학에 대한 확신을 바탕으로 일과 싸워서 이기는 패기를 실천하는 인재 **경영철학** : 자발적이고 의욕적으로 두뇌활용, 인간의 능력으로 도달할 수 있는 최구의 수준인 Super Excellent 수준 **패기** : 스스로 동기 부여하여 높은 목표를 도전하고 기존의 틀을 깨는 과감한 실행을 한다. 그 과정에서 필요한 역량을 개발하기 위해 노력하며, 팀웍을 발휘한다.
LG	● **LG** LG WAY에 대한 신념과 실행력을 겸비한 사람 꿈과 열정을 가지고 세계 최고에 도전하는 사람, 팀웍을 이루며 자율적이고 창의적으로 일하는 사람, 고객을 최우선으로 생각하고 끊임없이 혁신하는 사람, 꾸준히 실력을 배양하여 정정당당하게 경쟁하는 사람
LOTTE	● **롯데** 실패를 두려워하지 않는 젊은이, **실력을 키우기 위해 끊임없이 노력하는 젊은이,** 협력과 상생을 아는 젊은이
posco	● **포스코** 더불어 함께 발전하는 기업시민. 실천의식과 배려의 마인드를 갖춘 창의적 인재
관심회사	인재상

기업들이 미래 인재들에게 제시하는 인재상은 말 그대로 기업이 원하는 인재의 모습을 짧은 단어나 문장으로 표현한 것이다. 회사의 비전과 목표를 달성하기 위하여 직원들에게 요구되는 현재 및 미래의 바람직한 모습이라고 정의할 수 있다. 기업들이 인재상에서 한결같이 '창의'를 강조하는 이유는 기업의 생존과 직결된 문제를 해결하거나 조직 구성원들의 업무 수행시 창의적 문제해결을 통해 혁신을 만들었음을 성공 기업 사례로 학습한 결과이다.

이 책의 10장인 '조직도 학습한다. 창의 혁신 기업'에서도 자세히 다루겠지만, 기업도 사람이나 물건처럼 수명이 있으며 경쟁이 치열해지고 환경이 빠르게 변하면서 점차 그 수명이 단축되고 있다. 미국 마이크로소프트사의 창업자인 빌게이츠(Bill Gates)는 "우리는 항상 2년 후에 도산할지 모른다는 생각을 하면서 일해야 한다"라고 밝히며, 과거의 성공에 안주하지 않고 끊임없이 혁신적인 기업으로 성장해 나갈 수 있어야 한다는 방향을 제시하고 있다.

참고로 미국 내 상위 100대 기업의 평균 수명은 1935년 90년에서 점차 줄어들어 1975년 30년, 2005년에는 15년에 이른다. 한국의 경우, 대한상공회의소(2006)에서 발표한 〈장수 기업에서 배우는 지속성장 전략 보고서〉에 따르면, 코스피 상장기업 686개의 평균 사업유지기간이 33년이라는 조사 결과를 보더라도 기업들도 변화하지 못하면 살아남기 어렵다는 것을 알 수 있다.

(2) 대학의 인재상

미래의 인재를 양성하는 대학기관들도 기업의 인재상에 영향을 받을 수밖에 없다. 대학의 목표는 결국 사회로 원활히 이행하는 인적자원을 개발하는 것이기 때문이다. 국내 대표 고등교육기관들의 인재상에서도 '창의'에 대한 핵심어를 어렵지 않게 발견할 수 있다.

✎ 우리 대학의 인재상을 적어봅시다.

	● **고려대학교** 자아를 실현하는 행복한 전인, 통일을 준비하는 애국적 대한인, 변화를 주도하는 개방적 세계인, 성실히 봉사하는 참여적 민주시민, **창의적 능력** 있는 실무적 전문인
	● **연세대학교** 겨레와 인류의 문화유산을 이어받고 **창의력**과 비판력을 길러 학문의 발전을 이끌어간다. 또한 정의감과 기백을 드높이고 열린 마음으로 이웃을 위해 봉사하며, 인류의 번영에 이바지한다.
	● **중앙대학교** 개방적 문화인, 실천적 봉사인, 자율적 교양인, 실험적 **창조인**, 실용적 전문인
	● **건국대학교** 전인적인 인격의 지성인, **미래지향적인** 전문인, 공동체 발전의 선도자
	● **경희대학교** 세계인, **창조인**, 문화인
	● **동국대학교** **Creative Thinker**, Young Challenger, Ethical & Global Leader

이처럼 대학마다 교육과정을 통해 길러내고자 하는 인재 또한 '창의' 역량이 강조되고 있다. 대학생활을 거쳐 사회 직업인으로 성장하는 과정에서 중요한 것이 창의임을 기억하자.

(3) 일하기 좋은 기업의 조건

✍ **내가 생각하는 일하기 좋은 기업의 조건은 무엇인지 적어봅시다.**

직업을 선택하는 데 있어서 직장을 선택하는 것은 매우 중요한 일이다. 산업화 시대에는 '평생직장'이라는 개념을 가지고 직장을 선택했지만, 정보화 사회로 넘어오면서 직장을 선택하는 시대에서 직무를 선택하고 근무하기 좋은 회사를 선호하기 시작했다. 언론들은 일하기 좋은 기업들에 대해 조사를 실시하여 보도하는데, 과거에는 복지혜택이 좋은 회사가 일하기 좋은 회사였다면, 최근에는 일하는 사람이 만족하는 회사가 좋은 회사라는 인식으로 점차 바뀌어가고 있다. '돈을 많이 주는 기업이 좋다'라는 인식은 예전보다 많이 약화되고 있는 추세인데, 그 이유는 급여 등 보상이 많더라도 고용 안정성에 대한 이슈가 떠오르면서 장기적인 발전 가능성이나 업무에 대한 만족도 그리고 업무시간 준수를 위한 조직문화가 일에 있어 선제 조건이라는 인식의 변화 때문이다.

✎ **일하기 좋은 기업의 조건 순위입니다. 아래 기업의 조건 순위 중 1위와 5위를 생각해보고, 실제 조건과 나의 생각에는 어떠한 차이가 있는지 비교해 봅시다.**

일하기 좋은 기업의 조건 순위

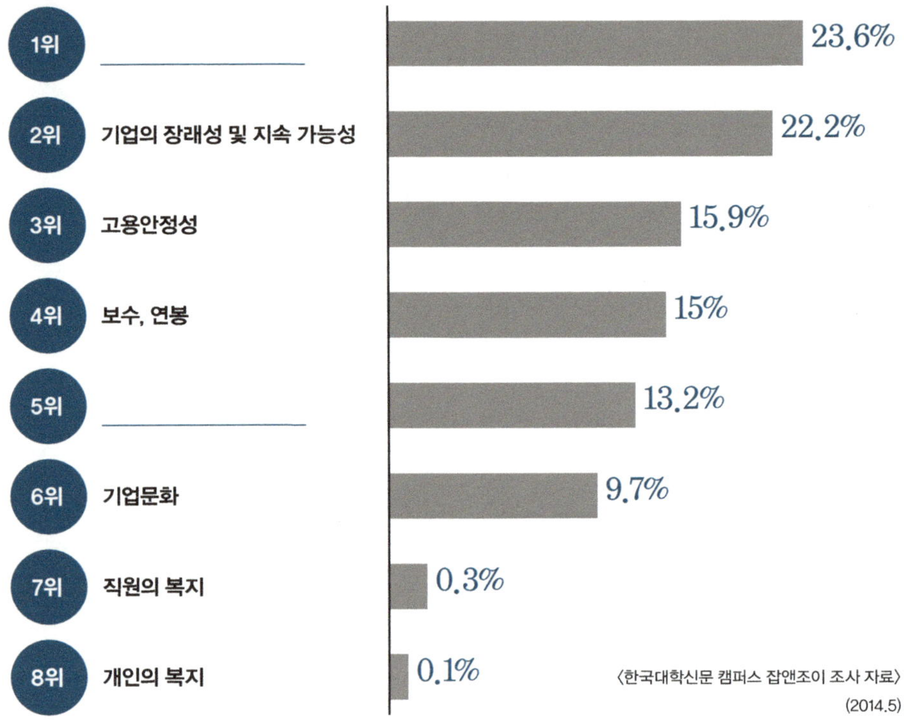

〈한국대학신문 캠퍼스 잡앤조이 조사 자료〉 (2014.5)

관점더하기+

GWP코리아와 한국HRD협회가 공동으로 주최하고 주관한 「2015 대한민국 일하기 좋은 기업」 선정 결과를 보면, 현대해상화재보험, 이니스프리, 신한은행, 신한카드, 부산은행, 롯데백화점 등 54개 기업들이 선정되었음을 알 수 있다. 8년 연속 선정에는 신한은행, 7년 연속에는 신한카드, 6년 연속은 부산은행과 한국마즈, 5년 연속은 롯데백화점과 코웨이, 4년 연속은 대한무역투자진흥공사, 3년 연속으로 한국공항공사, 한국수자원공사, 신한생명보험, 2년 연속으로는 한국에자이, DHL코리아, 한국애브비, 한국이엠씨컴퓨터시스템즈, 케이던스코리아, 애경산업, 세영기업이 선정되었다.

모든 사람들이 정보를 쉽게 공유하고 취득할 수 있는 지식정보화 사회가 되면서 기업이 눈앞의 이익에만 급급해 신뢰경영을 무시하면 소비자들에게 외면 받고 결국 시장 경쟁에서 밀려나기 때문에 기업 평판은 생존과 직결되는 부분이다. 소비자와 지속적인 신뢰 관계를 유지하고 조직 구성원들이 신바람 나게 일할 수 있도록 신뢰 문화를 구축하는 것이 중요한 이유이다.

지난 2014년 5월 한국대학신문 캠퍼스 잡앤조이에서 조사한 일하기 좋은 기업의 조건을 순위로 정리한 결과를 보면, 가장 좋은 조건으로는 '업무 만족도'로 나타났다. 이를 통해 알 수 있듯 회사의 기업문화가 좋다고 소문나있고 업계보다 급여를 많이 준다고 해도, 업무 만족도가 높지 않다면 직원들 스스로가 왜 일을 해야 하는지 모른 채 전체 고용유지율이 하락하게 되어 있다.

업무 만족도가 높지 않은 회사들은 대체적으로 직원들의 이직률 또한 높다는 결과에서 알 수 있듯, 업무 만족도는 일하기 좋은 기업의 선제 조건이다. 나머지 상위 순위 조건에 오른 요건을 살펴보면, 일반적으로 생각하기 쉬운 '보수, 연봉'보다는 '기업의 장래성 및 지속 가능성, 고용 안정성, 기업문화'와 같은 무형적 자산, 업무만족도와 연관성이 높은 '개인의 성장 가능성' 등이 좋은 기업의 조건으로 조사되었다.

(4) 인류의 역사와 정보화시대

정보화 사회란 현대사회의 특징을 나타내는 중요한 개념 중 하나로 정보를 통해 발생하는 경제적 가치의 생산, 처리, 전달, 축적을 인정하고, 공업화가 일정한 수준에 도달했거나 공업화가 완료된 사회에서 일어나는 사회 단계의 하나라는 의미를 가진다. 유목민으로 사냥과 채집을 하던 시기를 지나, 농업을 하게 되면서 정착 생활을 시작한 인류는 농업 기술의 격차로 인해 빈부의 격차, 권력의 격차가 생기며 국가를 형성하였다. 이후 산업 혁명을 통해 물질의 풍요로움을 갖기 시작한 후 정보화 사회로 넘어왔던 인류 역사의 변화 속도를 생각해보면, 지난 1960년대부터 개념화된 '정보화 사회'가 짧은 시간 동안에 가장 빠른 변화를 이끌어낸 것을 알 수 있다.

✎ 인류 500만년 역사를 한 달(30일)로 줄여본다면 어떻게 될까?
각 시대마다 인류의 시간을 적어보고 실제와 비교해 봅시다.

유목민, 사냥과 채집 생활

나의 생각	실제 소요기간

농업, 정착과 도시 형성

나의 생각	실제 소요기간

국가의 생성, 르네상스

나의 생각	실제 소요기간

산업사회 (공업, 생산성이슈)

나의 생각	실제 소요기간

정보화 사회 (정보, 지식 경쟁)

나의 생각	실제 소요기간

산업화 시대 이전과 이후를 나누어 인류가 축적한 지식 자산의 양을 비교해보면 압도적 차이가 나타난 것을 확인할 수 있다.

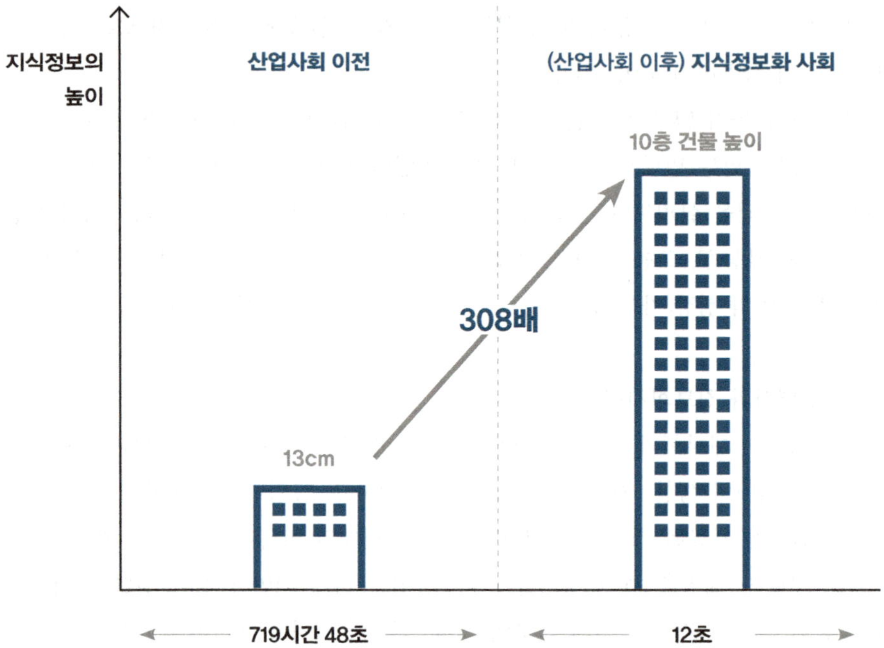

정보와 지식이 부가가치 생산에 중요해지면서 정보를 창출하는 지식산업이 주축을 이루고 고도산업사회로 발전하고 있다. EMC와 IDC가 공동 발표한 보고서, 〈경제는 위축된 반면 디지털 정보 세상은 더욱 확장일로(As the Economy Contracts, the Digital Universe Expands)〉에 따르면, 전 세계의 디지털 정보량은 18개월마다 두배로 성장할 것이라고 한다. 정보 생산량의 증가 추이를 보면 2008년 4,870억 기가바이트에서 2010년 12,000억 기가바이트로 약 62% 늘어났다. 정보 생산량이 얼마나 폭발적으로 증가했는지 보여준 것이다. 최근 스마트폰 등 각종 모바일을 기반으로 한 데이터 사용량 또한 계속적인 증가 추세다.

다시 말해, 인류 역사상 가장 짧은 시기인 지식정보화 시대에 가장 많은, 가장 빠른 지식량은 기존 방식과는 다른 경쟁력을 요구하고 있다. 과거에는 지식의 보유가 경쟁력이 될 수 있었지만, 이제는 지식의 생산, 공유, 축적하는 방식이 완전히 달라지면서 엄청난 양의 지식을 보유할 수도 없을 뿐 아니라 그 속도를 감당할 수가 없다. 오늘날 우리가 마지막으로 추구해야 하는 경쟁력은 무엇이겠는가? 바로 그것이 창의가 필요한 이유일 것이다.

✎ 창의가 필요한 이유가 무엇인지 적어봅시다.

CHAPTER 3.

창의가 뭔데?

들어가기

창의에 대한 어원적 정의와 학문적 정의를 살펴보고, 창의가 무엇인지 개념적으로 정의해 보자. 그리고 새로운 결과물을 통해 부가가치를 창출한 사례를 확인해보자. 창의적인 사람이 가지고 있는 그들만의 공통된 특성을 찾아보고, 창의에 있어 개인적 요인을 학습한다. 나의 창의적 역량을 높일 수 있는 방안을 모색할 수 있다.

1.

창의란 무엇일까?

〈창의적 사고를 광고에 적용한 사례〉

좌 : 커피, 컵 광고가 아닌 성형외과 광고
우 : 당근 모양을 나무 아래에 입힌 미국 올란도의 농산물 전문 시장 광고

우리가 살고 있는 시대를 창의의 시대라 부르고 있다. 창의란 단어가 너무 흔할 정도다. 창의적 사고, 창의적 문제해결과 같은 구체적인 용어도 어렵지 않게 듣는다. 과거에 지적 능력을 우선순위에 두었던 시절에는, 열심히 성실하고 꾸준하게 공부 잘 해서 높은 성적을 받고 시험에 잘 통과하면 어느 정도는 능력을 인정받을 수 있었다. 그러나 이제는 창의적 능력을 길러 창의 인재로서 역량을 보여주어야 하는 시대로 바뀌게 되었다. 창의에 대해서 '새롭다' 또는 '쓸 만한', '돈 되는 것'이라고 생각하는 경우가 많다. 단순하게 즐거움을 위한 결과를 도출하기 위한 사고활동을 창의적이라고 하지는 않는다. 이처럼 창의는 어떠한 목적을 가지고 혁신하기 위한 노력을 통해 기존 사고의 패턴에서 벗어나 유용하고 새로운 방법들을 찾아내는 사고활동이라고 정의할 수 있다. 즉, 창의는 목적을 가진 혁신으로, 문제에 대한 창의적 해결책을 찾아내기 전에 문제가 발생한 맥락을 이해하고 문제의 배후에 존재하는 가치나 전제들도 이해의 범위에 포함하여 새로운 것을 창출하거나 가치 있고 유용한 것을 생산해 내는 활동이다.

(1) 창의의 어원적 정의

창의는 영어 단어로 'Creativity'로 표기한다. 이 단어의 어원을 통해 그 의미를 살펴보면, 'Creo'는 '만들다'라는 의미의 어근으로 'Creatio'라는 말에서 유래되었다. 즉, 창의라는 단어는 무엇인가를 '만들다'라는 의미에서 시작한 단어로, 새로운 것을 만들어 낸다는 지금의 개념과 일치한다. 창의의 어원 변천 과정은 아래와 같다.

- **Creare : 만들다 (라틴어)**
- **Creatio : 신이 무(無)에서 유(有)를 창조하다 (중세시대)**

- **Creativite : 프랑스어 (1946년)**
- **Creativity : 영어, 언어학자 노암 촘스키(Noam Chomsky)에 의해 본격 사용,**
  심리학자 길포드(Guilford)에 의해 1950년 일반화

이번에는 동양의 언어, 한자로 '창의'의 뜻과 의미를 다시 한 번 파악해보자.

- **創 비로소 창 = 곳간 倉 + 도끼 刀 (형성문자)**
- **意 뜻 의 = 소리 音 + 마음 心, 설 立 + 해(빛) 日 + 마음 心 (회의문자)**

박영태 교수는『창의성의 별』이라는 자신의 저서에서 창의의 어원을 한자로 풀이하였다. 창(創)의 의미는 비로소 창, 아픈 창이다. '비로소'는 '마침내, 드디어, 그제야'와 같은 부사로, 어느 한 시점을 기준으로 그 전까지 이루어지지 아니하였던 사건이나 사태가 이루어지거나 변화하기 시작함을 나타내는 말이다. 바로 '새롭다'는 우리가 생각하는 창의의 의미와 일치한다. 그러나 '아픈'의 의미는 창의의 의미를 다시 생각해보게 만든다.
창(創)을 나누어보면 곳간 창(倉)과 도끼 도(刀)이다. 여기서 창(創)은 '곳간을 도끼로 부순다'는 의미가 내포되어 있으며, 이는 '기존의 생각을 파괴한다'는 의미로 유추해볼 수 있다. 일반적으로 기존의 생각은 개인의 존재와 관련이 있으므로 기존 생각의 파괴는 개인의 존재가치의 붕괴와 연결된다. 여기서 창이 '비로소'라는 뜻과 '아프다'라는 뜻이 함께 존재하는 의미를 생각해볼 수 있다.
의(意)는 마음(心)에 소리(音)를 내는 것, 또는 마음(心)에 빛(日)을 세우는(立)것으로 볼 수 있다.
따라서 창의란 기존의 것을 파괴하고 마음에 세워지는 새로움을 만드는 것으로 동시에 아픔을 수반한다고 볼 수 있다.

(2) 창의의 학문적 정의

학문적으로 창의는 학자들마다 다르게 정의 내려져 왔다.

- **유(有)에서 또 다른 유(有)를 발견하고 만들어내는 것 (Weisberg, 1993, 2006)**
- **개인이나 소집단이 만든 새롭고 적절한 아이디어 (Amabile, 1998)**
- **새롭고(즉, 독창적이고 기대되지 않은) 질적으로 수준이 높으며 적절한 산물을 생산해 내는 능력 (Sternberg, Kaufamn, & Preetz, 2002)**

인간이 만드는 창의는 하늘 아래 온전히 새로운 것의 창조라기보다는, 기존에 있던 것에 대한 또 다른 발견과 발명이라는 관점이다. 과학적 이론은 창조가 아니라 현상에 대한 발견이며, 엄청난 지식량 속에서도 여전히 새로운 지식이 만들어지고 하나의 발명은 관련 특허기술을 급증시키고 있다는 사실이 와이즈버그(Weisberg)의 주장을 이해하게 한다. 아마빌레(Amabile)는 새롭고 적절한 아이디어를 창의라고 정의한다. 아무리 새롭더라도 적절한, 다시 말해 유용성과 타당성을 갖추지 못하면 창의라고 보기 어렵다고 말한다. 스턴버그(Sternberg)를 비롯한 학자들은 아이디어에 그치는 것은 그저 상상일 뿐, 산물로서의 생산적 능력을 강조하며 창의의 개념을 차별화하고 있다.

2.
창의가 만드는 부가가치

〈2015년 세계군인체육대회 숙소 전경과 내부 모습〉

사진 : 문경시청 자료제공 www.gbmg.go.kr

정보화시대를 거치면서 신문이나 미디어를 통해 어떤 한 사람의 창의적 아이디어가 새로운 부가가치를 창출하거나 기존에 비해 효율을 획기적으로 높였다는 기사를 한 번쯤은 본 적이 있을 것이다. 최근 한 직원의 창의적 문제해결이 조직 전체는 물론 세계대회의 성공적인 개최로 연결된 사례가 있다.

지난 2015년 경상북도 문경시는 세계군인체육대회를 개최하면서 국제종합대회 가운데 올림픽과 유니버시아드에 이어 세 번째로 규모가 큰 대회를 앞두고 참가 선수들의 숙소 문제 때문에 어려움에 봉착했었다. 일반적으로 대회를 개최할 때 아파트형 숙소를 신축하고 대회가 끝난 뒤에 일반분양을 하는 방식을 사용하는데, 문경시는 엄청난 시설비용을 감당할 경우 적자가 발생할 수 있고 일반분양도 쉽지 않을 것으로 예상되어 선수들을 다른 도시에서 숙박해야 하는 것은 아닌지 고민하고 있었다.

하지만 10만 제곱미터 부지에 이동식 숙소인 카라반 350동을 만들어 선수들에게 숙소로 제공하고, 대회 후 캠핑 장비를 구매하는 사람들에게 판매하는 창의적 문제해결 방식을 도입하였다. 캠핑 열풍을 타고 판매가 순식간에 마감되었다. 선수촌을 신축할 경우 800억 원의 예산 소요가 예상되었으나 이동식 카라반으로 34억 원의 예산만 투입하였고, 카라반 개당 제작비용이 2,650만원이지만 1,650만원에 일반인 재판매를 하였기에 숙소 1동에 1,000만원의 비용만 사용하게 된 것이다. 이를 통해 예산만 700억 원 넘게 절감하였다.

✎ 창의적 문제해결이나 새로운 방식으로 높은 부가가치를 만들어낸 사례를 찾아 적어봅시다.

3. 창의적인 사람들, 그들은 누구인가

마이크로소프트, 애플, 구글, 페이스북, 소프트뱅크, 카카오, 엔씨소프트

위의 기업들은 인터넷과 모바일을 통해 우리에게 친숙한 기업들이며, 각자의 분야에서 사용자들로부터 인정받는 비즈니스 모델을 구축한 기업들이다. 마이크로소프트와 애플은 전 세계 컴퓨터 운영체제를 주요 사업으로 하고, 구글과 애플은 모바일 운영체제를 놓고 경쟁 중이다. 페이스북은 SNS의 최초 기업은 아니지만 전 세계를 네트워크로 묶어 2018년 4분기 기준 이용자가 23억 2천만 명에 이르고 있다. 소프트뱅크는 소프트웨어 유통 및 IT 투자기업으로 전 세계 800여개의 인터넷 관련 백본망을 제공하며 반도체, 전자상거래, 파이낸스, 기술관련 사업을 영위한다. 카카오는 대한민국 국민 대부분이 사용하는 온라인 메신저를 기반으로 다양한 생활서비스 및 빅데이터를 제공하며 다음 포털사이트를 운영하고 있다. 엔씨소프트는 게임을 만들기 전, PC통신 넷츠고를 구축하고 그룹

웨어를 만들다가 온라인게임 리니지의 성공으로 PC게임에만 집중하여 대한민국 e-스포츠 시장을 선도하는 기업이 되었다.

이 기업들은 IT산업에 속하면서도 다른 사업영역을 가지고 있다. 이들 기업의 공통점은 바로 시대를 이끄는 '창의적 리더'로 평가받는 창업주가 있다는 것이다. 마이크로소프트의 빌게이츠, 애플의 스티브잡스, 구글의 래리 페이지(Larry Page)와 세르게이 브린(Sergey Brin), 페이스북의 마크 주커버그(Mark Zuckerberg), 소프트뱅크의 손정의(마사요시 손), 카카오의 이재웅과 김범수, 엔씨소프트의 김택진이다.

대부분의 사람들은 창의적인 인물들이 선천적으로 타고난 능력이 있다고 생각한다. 하지만 앞에 소개한 기업의 창업주들은 이러한 평판을 쌓고 기업을 키워내는 데 일반인들은 상상할 수 없을 만큼의 대의명분과 꾸준한 노력이 있었기 때문에 가능했으며, 이러한 과정에서 개인적 창의력이 조직 창의력으로 더욱 더 발전된 사례로 보는 것이 적합할 것이다.

✎ 내가 알고 있는 남다른 사람들 중에 가장 창의적인 사람을 떠올려봅시다.
그리고 그 사람이 가지고 있는 성격적인, 행동적인 특성을 적어봅시다.

1950년부터 활발히 진행되어온 창의에 대한 연구는 1970년대까지 창의적인 사람들의 심리적인 능력, 인지적인 능력을 찾으려는 노력이었다. 아마빌레(Amabile)는 통합적인 접근을 통해 개인 창의력 발휘의 세 가지 공통된 요소를 규명하였다. 첫 번째는 '학습지식', 두 번째는 '창의적 사고 기법', 마지막으로 '내적 동기부여'이다.

앞서 소개한 창의적 인물들은 세 가지 요소를 모두 갖추고 있다고 할 수 있다. 각자의 산업분야에서 일하기 위해 오랜 시간 동안 관련 지식과 경험을 학습하는 데 많은 투자를 하였고, 자신의 업무를 수행하는 데 있어 적극적으로 문제를 해결하는 리더십을 갖추었다. 그리고 예측이 어려운 경영환경에서도 문제가 있을 때마다 다양하고 유연한 접근으로 대처해온 유명한 일화나 사례를 하나씩은 가지고 있다.

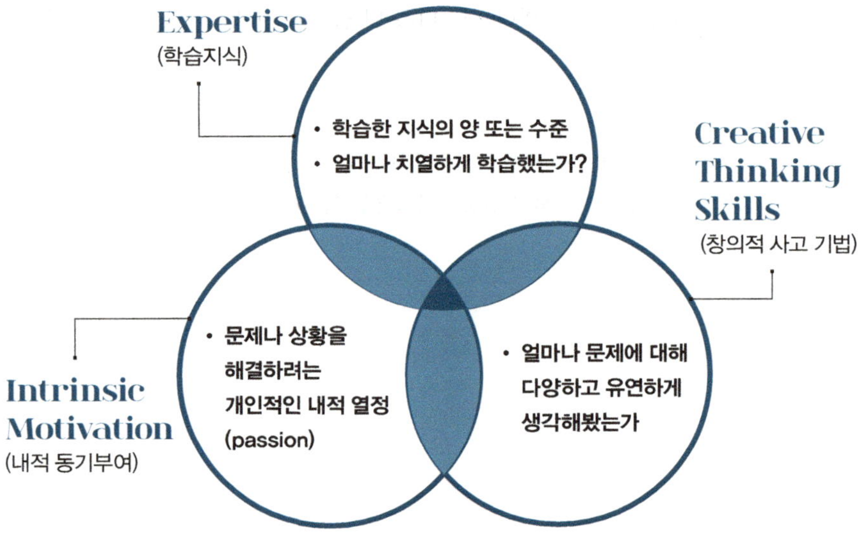

〈The Three Components of Creativity〉

출처: Amabile(1998)

특히, 창의적 행동은 세 가지 요소의 균형과 결합으로 나타나기 때문에, 만약 창의적 사고를 통해 문제해결을 잘 하는 사람이라 할지라도 내적 동기부여가 결여되어 있다면 소극적이거나 실행력이 떨어질 수 있다. 또 내적 동기부여가 충분하여 스스로 문제를 해결하기 위한 열정이 가득하더라도 해당 분야에 전문적인 지식이 없거나 부족하다면 정작 창의력은 발현할 수 없다. 또한 학습지식이 충분하고 지적능력은 뛰어나지만 스스로의 사고에 갇혀 창의적 발상으로 문제해결의 방법을 찾아내려는 유연한 대처가 부족하다면 창의의 발현은 막혀버릴 것이다.

조직 창의력에 대한 또 다른 연구 성과를 제시한 경영의 구루, 게리 하멜(Gary Harmel) 교수의 사례를 살펴보자. 그는 조직의 창의적 성과를 이끌어낸 기업인의 인터뷰를 통해 어떤 요인이 성공을 이끌어냈는지 조사하였다. 그 결과, 근면, 지성, 추진력, 창의력 등의 요인이 중요하기는 하나, 성패를 좌우했던 요인으로는 '열정'이 무려 35%의 영향력이 있다는 결론에 이르렀다.

창의는 결코 쉬운 성공에 이르는 길이 아니다. 기존과는 다른 방식을 취할 경우 성공보다는 실패의 가능성이 높기 때문에, 새로운 방식에 대한 개선과 끊임없는 시도를 전제로 한다. 따라서 개인이 자신이 하는 일이나 분야에 대해서 적극적으로 하고자 하는 스스로의 열정이 없다면 다른 능력이 뛰어나더라도 창의적 성과를 획득하기 어렵다.

CHAPTER 4.

창의는 측정할 수 있나?

들어가기

우리는 일상 속에서 체중을 측정한다거나 성격을 진단하면서 자신의 현재 상태를 파악하려고 노력한다. 자신의 몸무게나 성격적 특성에 급격한 변화가 있지 않더라도, 점검하고 유지 또는 변화하려는 노력을 왜 기울이는 것일까? 측정과 진단은 이상치를 파악해 문제를 해결하거나 목표와의 차이를 통해 얼마나 극복이 필요한지 등을 알게 해준다. 창의를 측정하려는 노력 또한 이와 같은 맥락이다. 과연 창의는 측정할 수 있는지 학습해보면서, 창의력 향상을 위한 조건과 방안을 파악해 보자.

1.

창의와 IQ

✎ 창의력을 측정할 수 있을까, 없을까. 자신만의 의견을 정한 후 자신이 그렇게 생각하는 나름의 근거를 작성해 봅시다.

창의는 잴 수 있다	창의는 잴 수 없다

창의의 측정 여부를 판단하기는 쉽지 않다. 하지만 생각하는 능력을 정확한 지표로 알려주는 IQ(Intelligence Quotient) 테스트인 지능검사는 익숙하다. 인지 능력에 대한 대표적인 IQ 지수는 학업 능력과 맞물려 '머리가 좋아야 공부를 잘한다'는 강력한 신념을 학부모와 학생들에게 심어주고 있다. 그러나 한국교육과정평가원의 국가수준 학업 성취도 평가에 따르면, IQ 지수의 영향도는 약 20% 정도이며, 초등학생에서 중학생을 거쳐 고등학생이 되고 나면 10% 이하로 지능이 학업에 미치는 영향력이 떨어진다고 밝혔다.

IQ 검사는 1905년 프랑스의 심리학자 알프레드 비네(Alfred Binet)에 의해 개발된 이래, 1916년 루이스 터먼(Lewis M. Terman)이 표준화하여 정신연령과 생활연령을 더한 값에 100을 곱하는 형식으로 나타내게 되었다.

인간의 평균 IQ는 100이다. 왜냐하면 IQ 지수의 부여 방식은 평균 100점을 중심으로 정규 분포를 따르도록 설계되어 있기 때문이다. 따라서 표준편차 1를 감안할 때, IQ 지수가 91점에서 108점 사이에 전체 인구의 약 68%가 포함된다.

관점더하기+

멘사(Mensa)

IQ 지수가 높은 고지능자 비영리조직인 멘사는 지적능력만이 가입조건이다. 1946년 설립된 이 조직은 소위 머리 좋은 사람들의 동아리로 많은 사람들의 부러움을 받기는 하지만, 그들이 모두 창의적인 사람인지에 대해서는 고려해보아야 한다. 창의는 인지적 능력이기는 하지만 IQ가 측정하려는 것과는 다른 속성을 지니고 있고 심리적인 영향력 또한 크게 작용한다. 창의 측정의 연구와 실행은 IQ보다는 늦고 표준화된 검사로는 제약이 있다는 점도 고려해야 한다.

창의 측정 도구에 대해 알아보자.

아래 오른쪽 그림은 창의적 사고를 측정하는 그림 그리기 형태의 검사다. 젤렌(Jellen)과 어반(Urban)에 의해 1986년에 개발된 창의적 사고 그림검사(TCT-DP)는 여섯 개의 불완전한 도형 조각을 보여주고 자유로운 상상과 해석을 유도하여 독창적인 사고를 측정한다. 반면, 아래 왼쪽에 보이는 검사는 앞서 소개한 IQ 검사 중 도형 추리 검사(Figure Reasoning Test)의 한 사례이다. 피검사자는 문항에서 보이는 도형들의 논리적 규칙을 파악하여 빈 칸에 들어갈 가장 타당한 도형을 보기에서 골라야 한다. IQ가 측정하려는 것과 창의가 측정하려는 것이 다름을 확연히 알 수 있게 해주는 그림이다.

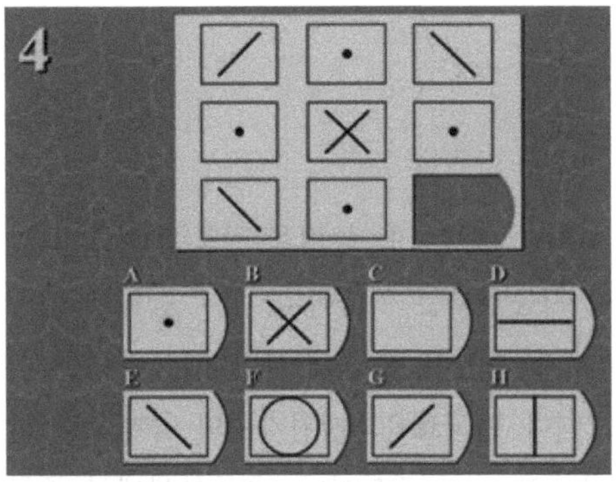

MENSA sample test

Urban & Jellen (1996)
Test for Creative Thinking

이외에도 창의력을 측정하는 방법은 여러 가지가 고안되었는데, 창의적 성향 검사, 생애사 질문지, 교사·동료 및 감독관에 의한 판정법, 자기보고식 검사 그리고 산출물 판단 등이 사용되고 있다.

창의적 성향 검사에는 고흐(Gough)와 헤일브런(Heilbrun)이 1983년에 개발한 형용사 체크리스트(ACL)가 있다. '총명한-개인주의적인-통찰력 있는-자신감 있는-인습에 얽매이지 않는'의 형용사를 통해서 창의적 성향을 검사하는 방식을 사용한다.

창의적 산문 검사방법으로는 아마빌레에 의해 개발된 합의적인 평정기법(CAT)으로 검사 받는 사람에게 창의적 산물을 만들게 하고, 전문가들이 창의성의 정도를 평가하는 방식을 사용하기도 한다. 예를 들어 '신문을 가지고 사용할 수 있는 가능한 방법들을 생각해 보시오'라는 질문은 융통성을 묻기 위한 문항이다.

창의 측정 검사 중 가장 많이 사용되는 것은 인지적 능력 검사이다. 길포드가 개발한 확산적 사고 능력 검사와 토렌스 검사라고 불리는 창의적 사고 검사는 인지적 능력 검사이다. 토렌스의 창의력 사고검사(TTCT)는 현재 창의성을 검사하는 도구 중에서 가장 많이 사용되고 있다.

관점더하기+

길포드(Guildford)의 확산적 사고를 통한 창의성 하위요인 소개

- 민감성(sensitivity) : 문제를 지각하는 능력
- 유창성(fluency) : 가능한 많은 아이디어를 산출하는 능력
- 유연성(flexibility) : 다양한 범주의 아이디어를 산출하는 능력
- 독창성(originality) : 독특하고 참신한 아이디어를 산출하는 능력
- 정교성(elaboration) : 덜 다듬어진 기존의 아이디어를 보다 세밀하고 치밀하게 발전시키는 능력
- 구성력(reorganization) : 기존 일반적 생각이나 산물을 다른 목적이나 관점에서 구성하는 능력

2.
창의를 측정하는 자(ruler)

✎ 지금부터 창의력 검사를 실시해봅시다. 여러분 앞에 아래와 같이 12가지 종류의 야채가 바구니에 놓여 있습니다. 우리의 목표는 이 야채들을 나누어 담으려는 것인데, 그 기준을 만드는 것입니다. 세부 분류로 나누기 위해 가능한 한 많은 기준을 찾아 적어봅시다.

완두콩	오이	콩깍지	시금치
가지	옥수수	양상추	사탕무
샐러리	당근	녹색피망	브로콜리

기준제시

IQ는 창의와 일부 관련이 있으나 절대적이지는 않다. 미하이 칙센트미하이(Mihaly Csikszentmihalyi) 교수가 1996년에 발간한 저서 『창의성: 발견과 발명의 심리학(Creativity: The Psychology of Discovery and Invention)』에서 91명의 창의적 인물들을 인터뷰한 결과, 창의적인 결과를 내려면 오랜 기간 동안 피나는 노력이 필요하며, 섬광 같은 아이디어를 통해 한 번에 이룰 수는 없다고 하였다.

정재승 카이스트 교수가 〈리더피아〉 잡지(2012년 7월호)에 기고한 창의성 관련 글에서도 "IQ 지수가 110까지는 창의성이 높아지지만 그 이상 IQ 지수가 높더라도 창의 발현의 가능성이 높아지는 것은 아니다"라고 한다. 창의성은 무에서 유로 창조되는 것이 아닌, 평소에 잘 연결되지 않던 부분들을 연결할 때 발현되며 자발적인 의지를 가지고 있어야 한다. 창의적인 사람들의 또 하나의 공통적인 특징이라면 아침에 깨어날 때부터 목표를 가지고 시간을 지체하거나 게으른 행동을 보이지 않는다는 점이다.

3.
운동과 창의, 독서와 창의의 관계

지난 2013년 한국과학기술원(KAIST)에서는 인간의 신체 활동과 창의, 인지 활동과 창의의 관련성을 실험하였다. 구체적인 실험의 방법은 집단을 크게 셋으로 나누어, 첫 번째 집단은 야외에서 40분간 5.7km를 달리기, 두 번째 집단은 실내에서 러닝머신으로 40분간 5.7km를 달리기, 세 번째 집단은 40분간 자유 독서를 하고 느낀 점을 워드프로세서로 작성하도록 하였다. 특정 활동을 40분간 참여한 모든 참가자들은 창의력 검사를 받았다. 검사는 앞서 독자들도 해보았던 야채 나누기 활동이다.

✎ 위의 세 집단 중 어느 집단이 가장 우수한 창의적 사고 수준을 보였을지 예측하여 유창성, 유연성, 독창성의 기준에 따라 순위를 매겨봅시다.

	유창성	유연성	독창성
집단1-야외 운동	위	위	위
집단2-실내 운동	위	위	위
집단3-독서	위	위	위

연구 결과를 살펴보면, 창의의 평가 기준 중 유창성(Fluency)은 야외 달리기 활동에 참여한 〈집단1〉이었고, 이어 독서를 한 〈집단3〉이, 마지막으로는 실내 달리기 활동에 참여한 〈집단2〉로 나타났다. 동일한 신체 활동인 달리기를 했지만, 야외에서 달렸던 사람들이 실내 러닝머신 위에서 달렸던 사람들과 큰 격차가 발생했다. 유연성(Flexibility)을 확인해본 결과에서도 유창성과 비슷하게 나온 것을 알 수 있다.

이러한 결과는 운동 자체가 창의에 도움을 준다기보다는 외부 환경과의 접촉 없이 갇힌 공간에서 어떠한 자극과 반응 없이 달리는 데에만 집중했음을 말한다. 유창성은 얼마나 다양한 해결책을 쏟아낼 수 있느냐의 문제이다. 유연성은 얼마나 다른 관점에서 해결책을 찾아낼 수 있느냐의 문제이다. 결국 경험을 제공하는 환경과의 상호작용이 보다 많은, 보다 다양한 아이디어를 창출하는 데 기여하고 있음을 보여준 것이다.

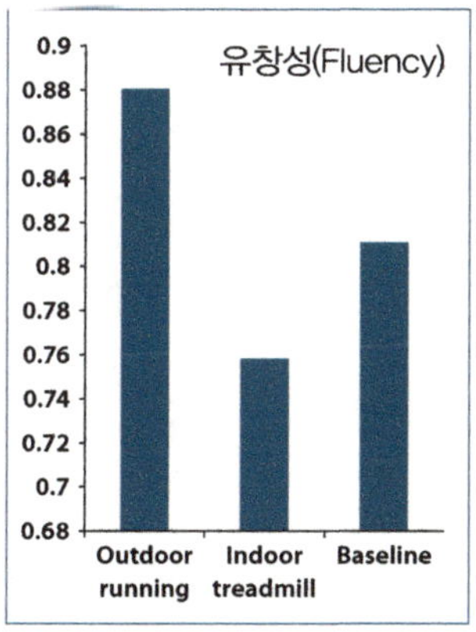

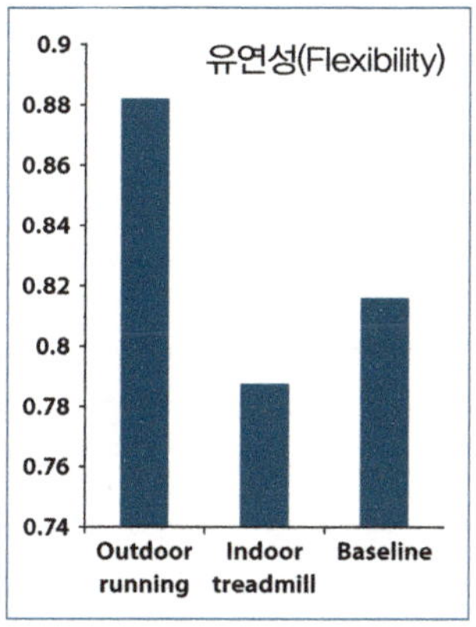

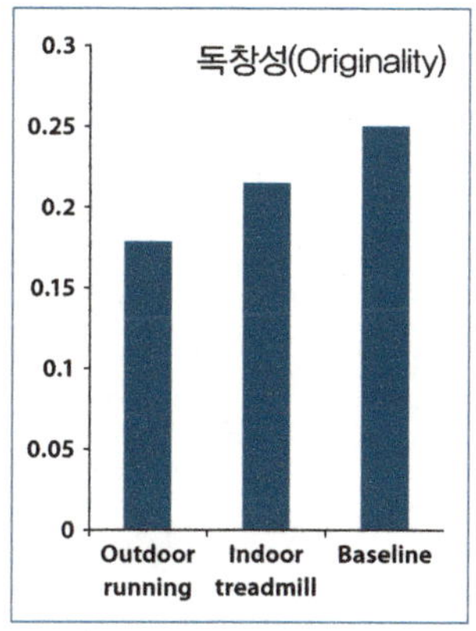

독창성(Originality) 평가에서는 다소 차이가 있는 것으로 나타났다. 달리기를 했던 〈집단1〉, 〈십단2〉가 아니라 독서 인지 활동에 참여한 〈집단3〉이 가장 우수한 것으로 확인되었다. 이러한 결과는 창의의 세 가지 구성요소로 다루었던 맥락과 동일하다. 즉, 창의적 사고기법이 뛰어나고 충분한 동기를 가지고 있더라도 해당 분야나 문제에 대한 학습지식이 부족할 경우 창의적 행동이 발현되기 어렵다는 것이다. 또한 유창하고 유연한 발상을 하더라도 궁극적으로 기존과는 다른 차별화된 아이디어는 얼마나 긴 시간 고민하느냐에 달려 있다는 점을 강조한 것이기도 하다.

의료분야, 공학분야 등은 관련 지식 체계를 충실하게 학습하여 적용할 수 있는 노력을 필요로 한다. 학습지식을 갖추지 않고는 창의적 연구가 어렵다. 그러나 새롭고 참신한 아이디어로 사람들의 주목을 끌며 부가가치를 창출한 사례들을 보면, 수많은 해결책 가운데 하나라는 점을 기억해야 한다. 고도의 지식 체계보다는 새롭고 다르게 접근하는 방식이 창의라고 할 수 있다.

✎ 소위 '머리 좋다. 공부 잘 한다'와 같이 지식체계가 요구하는 산출물과 창의가 요구하는 산출물은 어떻게 다른지 사례를 들어 설명해봅시다.

관점더하기+

① 두 개의 CQ

어느 기자가 빌 게이츠에게 물었다. "대학 중퇴자인 당신이 어떻게 세계 1인자가 되었습니까? 그 비결이 무엇입니까?" 그는 대답했다. "이 시대의 필수품은 6Q입니다. 지능지수(IQ), 감성지수(EQ), 사회지수(SQ), 세계화지수(GQ), 도덕지수(MQ), 변화지수(CQ)가 있어요. 저는 그 중에서 가장 중요한 것이 '변화지수'라고 생각합니다. 그래서 나는 날마다 새롭게 변화하려고 했고, 어제와 다른 오늘을 만들어냈습니다. 'Change(변화)'의 g를 c로 바꿔 보십시오. 'Chance(기회)'가 됩니다." 세계에서 가장 성공한 사람 빌게이츠가 자기 경험을 통해 확신을 갖고 한 말이다. 변화지수는 곧 기회지수이기도 하다.

② 협업지능(Collaborative Intelligence)

스티븐 제임스 조이스 〈변화를 이기는 슈퍼조직의 비밀 CQ〉에서 나온 개념으로, 단순히 팀워크가 아닌 조직 자체가 능동적으로 변화하도록 조직에 지능을 부여하는 능력을 말한다. 팀워크는 팀이 깨지거나 구성원이 교체되면 흔들리거나 사라진다. 하지만 CQ는 개인이 가지고 있는 사고와 인식의 능력에 기반한 것이기 때문에, 외적 변화에 흔들리지 않고 어떤 상황에서도 높은 수준의 협업을 유지한다. 그래서 CQ는 다른 말로 '변화 적응력'이라고도 할 수 있다.

창의를 키우기 위한 나만의 독서 목록을 적어보세요.

CHAPTER 5.

나 홀로 창의, 여럿이 창의

들어가기

매년 12월 10일이 되면 세계는 스웨덴 스톡홀름에 귀를 기울인다. 바로 다이너마이트를 발명한 노벨(Alfred Bernhard Nobel)의 유언에 따라 인류에게 문학, 화학, 물리학, 의학, 평화 부문에 공헌한 사람이나 단체에게 수여되는 노벨상 수상자 선정 소식을 듣기 위해서다. 과거에 노벨상은 개인의 독립 수상이 많았지만 근래에는 부문마다 다수의 수상자나 기관이 발표될 만큼, 집단이나 조직의 노력이 주목받고 있다. 다시 말해 개인의 창의보다 집단이나 조직 창의가 성과를 창출하고 있다는 점이다. 이 장에서는 나를 넘어 우리가 만들어내는 창의에 대해 알아보도록 하자.

1.

해외에서 오래 살면 창의가 올라갈까

✎ 만약 내가 태어난 모국이 아니라 해외에서 거주한 경험이 늘어나면 창의가 높아질지, 아니면 크게 관련이 없을지 두 입장으로 나누어 자신의 생각을 적어봅시다.

창의가 올라갈 것이다	창의가 오르거나 내려가는 것과는 관련이 없다

행성안전부에서 발표한 '2019 지방자치단체 외국인 주민현황'에 따르면, 현재 우리나라에 거주하고 있는 외국인수는 205만명을 넘어섰나. 이는 인구 100명 중 4명은 외국인이라는 의미를 가진다. 대전광역시 인구가 151만명임을 감안할 때, 국내 거주 외국인이 대전시민보다 많다는 뜻이며, 이들은 수도권 거주 비율이 60.1%에 이른다. 2018년 기준으로 외국인 관광객은 1,535만명, 한국에서 유학하는 외국인 학생수는 142,757명이다.

반대로 국외에 거주하고 있지만, 한국 국적을 유지하고 있는 재외국민 또한 외교부가 발간한 '2019 재외동포 현황'에서 살펴보면, 세계 180개국에 749만 3587명이 살고 있다. 한국을 떠나 외국을 경험하고 오는 숫자도 매년 증가하고 있으며, 한국인 해외 유학생수의 경우 중국과 인도에 이어 세계 3위로 220,930명에 이른다.

이처럼 인구의 이동성과 다민족국가로의 이행은 세계적인 현상이다. 그렇다면 모국이 아닌 해외를 다녀오거나 거주한 경우, 우리의 인식과 행동은 어떻게 달라질까? 흔히 해외 경험은 견문을 넓히는 데 도움이 되고 다른 시각으로 생각을 하고 바라보는 연습이 되었다는 이야기를 많이 한다. 그러나 여러 가지 이유로 해외 생활에 어려움을 겪은 경우도 많으며 한국에 와 있는 외국인이 전부 창의적이라고 보기도 어렵다. 지난 2009년 〈사회 및 성격심리학 저널〉에 실린 'Cultural Borders and Mental Barriers: The Relationship Between Living Abroad and Creativity'란 연구는 해외거주 경험과 창의의 관계를 보여주고 있다.

Journal of Personality and Social Psychology
2009, Vol. 96, No. 5, 1047–1061

© 2009 American Psychological Association
0022-3514/09/$12.00 DOI: 10.1037/a0014861

Cultural Borders and Mental Barriers: The Relationship Between Living Abroad and Creativity

William W. Maddux
INSEAD

Adam D. Galinsky
Northwestern University

Despite abundant anecdotal evidence that creativity is associated with living in foreign countries, there is currently little empirical evidence for this relationship. Five studies employing a multimethod approach systematically explored the link between living abroad and creativity. Using both individual and dyadic creativity tasks, Studies 1 and 2 provided initial demonstrations that time spent living abroad (but not time spent traveling abroad) showed a positive relationship with creativity. Study 3 demonstrated that priming foreign living experiences temporarily enhanced creative tendencies for participants who had previously lived abroad. In Study 4, the degree to which individuals had adapted to different cultures while living abroad mediated the link between foreign living experience and creativity. Study 5 found that priming the experience of adapting to a foreign culture temporarily enhanced creativity for participants who had previously lived abroad. The relationship between living abroad and creativity was consistent across a number of creativity measures (including those measuring insight, association, and generation), as well as with masters of business administration and undergraduate samples, both in the United States and Europe, demonstrating the robustness of this phenomenon.

Keywords: creativity, culture, living abroad, cognition, negotiations

연구 결과를 살펴보면, 자신과 다른 인종과 함께 상호작용하면서 일하고 공부하고 살아가는 미국에서의 일상은 나와는 다른, 새로운 생각을 파악하게 함으로써 창의가 증가한다고 밝히고 있다. 특히 서로 다른 생각들은 다름에 대한 존중을 바탕으로 폭넓은 사고와 가치관을 형성하게 한다. 즉, 다양성과 다문화의 경험이 창의를 증가시킨다는 것이다.

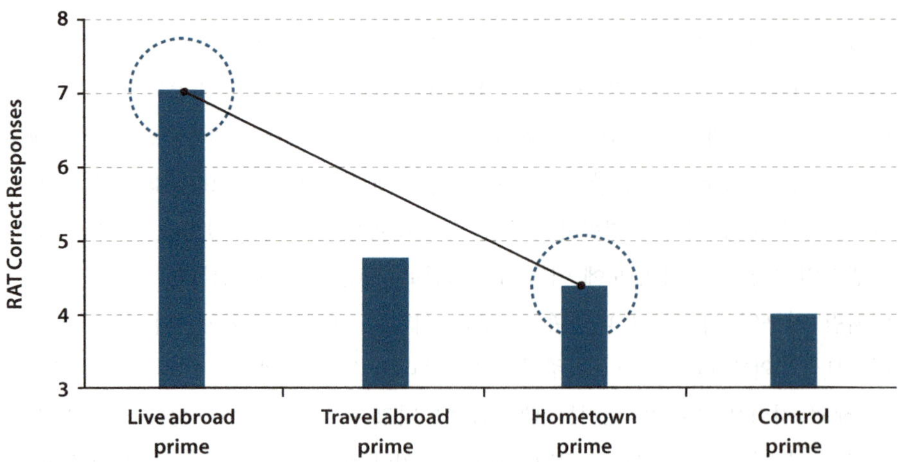

✎ **위의 도표가 우리에게 주는 시사점은 무엇인지, 창의력을 높이기 위해 무엇을 해야 하는지 적어봅시다.**

해외 거주 경험이 많은 사람은 태어나 모국에서만 활동한 사람보다 창의가 높은 것으로 나타났지만, 단순히 해외를 다녀오는 여행은 큰 차이가 없다는 것을 보여준다. 해외에 있더라도 나와는 다른 사람들과 끊임없는 상호작용과 적응의 과정을 지속적으로 하는 기회가 있어야 다양한 사고를 하게 되는 것이다. 또 기존에 자신이 있던 환경에서는 제약되던 부분이나 주변에서의 간섭 등에서 벗어나 사고의 전환도 가능하다. 글로벌시대에 다양성과 다문화를 경험할 수 있는 기회를 우리는 어떻게 의도적으로 만들고 창의력을 높일 것인가?

2.
2등이 살 길은 무조건 1등과 반대로 하는 것

세상의 흐름은 개성과 소수의 의견을 존중하는 것처럼 보이지만, 산업분야의 흐름은 1등이 시장을 대표하는 양상이 짙어지고 있다. 물론 1등에 못지않은 2등이 있어 서로 경쟁하며 발전하는 모습을 어렵지 않게 볼 수 있지만, 1등의 시장 영향력이 거센 것이 사실이다. 스마트폰 OS분야에서도 '안드로이드'와 'iOS'가 경쟁 중이며, 워드프로세서 시장에서도 '한컴 오피스'와 'MS오피스'가 쟁쟁을 하고 있다. 음료시장에서 '코카콜라'와 '펩시'의 관계는 너무나도 유명하다.

1등은 가장 높은 인지도와 시장 점유율로 경쟁력을 갖추고 있기 때문에 고객의 주요 이슈를 빠뜨리지 않으며, 포괄적으로 모든 영역에서 높은 점수를 확보할 수 있도록 노력한다. 2등은 이러한 1등의 전략을 이기기 위해 위험을 감수하거나 차별화된 전략으로 추격한다. 이러한 마케팅에서의 포지셔닝 이론을 창안한 알 리스(Al Ries)는 2등 브랜드가 해야 할 일이 1등 브랜드가 무엇을 대표하고 있는지 알아내어 그것과는 정반대로 하는 것이라며, 2010년 6월 조선비즈와의 인터뷰에서 답했다.

그는 펩시콜라의 사례를 들며 미국에서 펩시는 오랜 시간 동안 허약한 2등 상품으로 취급받았고 경쟁사인 코카콜라에 대해 고민하면서 코카콜라가 굉장히 오래된 브랜드라는 것에 초점을 맞추고 정반대로 '새로운 세대의 선택(The Choice of A New Generation)!'이라는 슬로건으로 브랜딩하여 강력한 2등이 되었다고 소개하고 있다.

실제로 코카콜라는 1886년 창립되었고 펩시는 1898년 창립하였다. 큰 차이는 아니지만 소비자들에게 브랜딩하는 데 펩시가 더 젊고 새롭다는 것을 알리는 브랜드 활동이 주효하였다.

코카콜라 / 1886년 창립

언제나 코카콜라
Stop thinking, Feel it!

펩시 / 1898년 창립

새로운 세대의 선택!
깨워라! 네 안의 세상을

관점더하기+

코카콜라는 세상에서 가장 잘 팔리는 음료다. 무려 하루에 6억잔이 팔린다. 단일 음료로는 코카콜라가 최고지만, 2009년 펩시는 코카콜라보다 매출액 우위를 점하게 된다. 바로 트로피카나라는 과채음료가 잘 팔리면서 이루어낸 결과이다. 펩시의 게토레이 또한 코카콜라의 파워에이드보다 인지도가 좋다. 즉, 탄산음료인 콜라 외 다양한 음료시장을 공략한 펩시의 전략이 우세했던 것이다.

외부에서의 자극을 많이 받을 수 있는 환경에서 뚜렷한 경쟁상대를 가지면 창의적 사고로 문제를 해결할 수 있다 하더라도, 나 혼자만의 생각과 결론으로는 공유할 수 없기 때문에 창의적 활동에 대해 인정을 받거나 실현시키기에는 현실적으로 어렵다. 따라서 창의성의 발현 조건 중에서 반드시 다른 사람들과의 창의적 사고에 대한 피드백과 적용을 통한 문제해결과 부가가치 창출로의 연결이 필요하다. 기업들도 혁신적 기업 문화를 만들어내고 유지하기 위해 노력하며 젊은이들에게 창의성과 혁신을 주문하고 회사에 입사하여 다른 조직원들 사이에서 노력하며 창의력을 발휘하여 직무를 수행할 수 있도록 하고 있다.

다음은 조직 내에서 창의력에 동기를 부여하기 위한 7가지 전략이다. 〈동아비즈니스리뷰〉 49호(2010년)에서 소개된 아마빌레 교수의 제안이다. 그녀는 최근 수년 동안 여러 기업의 창의적 프로젝트(creative project)에서 일하는 사람들로부터 수집한 자료를 분석하며, 덜 창의적이라고 생각되는 회계나 재무부서 사람들도 R&D나 마케팅 부서 사람들처럼 얼마든지 창조적인 일을 할 수 있다고 말한다.

첫 째, 문제를 되도록 멀리 떨어져서 보게 하라.
둘 째, 보상이 효과가 없을 수도 있다.
셋 째, 관련 짓기가 효과적이다.
넷 째, 놀이를 즐기는 분위기에서 더 창의성을 발휘한다.
다섯째, 작은 창의성을 높인다.
여섯째, 시간적 압박은 효과가 없다.
일곱째, 실패에 대한 불안감을 느끼지 않도록 하라.

✎ 위에서 말한 창의적 동기부여의 7가지 전략들을 통해 내가 어떠한 자세를 가져야 하는지 적어봅시다.

CHAPTER 6.

두뇌를 골고루

들어가기

오랜 시간 인류는 영혼이 있는 신체 기관이 심장이라고 믿어 왔고, 신을 위해 살아 있는 제물의 심장을 바치거나 심기능의 정지로 삶과 죽음을 판단해왔다. 그러나 이제 우리는 알고 있다. 우리의 신체 기능을 관장하고 사고하는 기능을 담당하는 기관이 뇌라는 사실을.

창의의 발현은 결국 두뇌의 인지기능에 좌우된다고 할 때, 뇌에 대한 이해는 창의력 개발의 실마리를 제공한다.

이 장에서는 창의를 발현하는 데 장애가 되는 개인적인, 환경적인 요인을 알아보고, 이를 극복할 수 있는 창의적 사고의 전환 방법도 알아보도록 한다. 뇌기능을 중심으로 창의적 사고를 위한 두뇌의 활용과 실천적 방법을 모색해보자.

✎ 나이가 많은 사람이 창의적일까? 반대로 나이가 어린 사람이 창의적일까?

이 질문에 대한 자신의 생각을 작성해봅시다.

1.
창의 발현을 저해하는 요인들

매일 반복되는 노력을 통해 혁신할 수 있는 수준의 자신감을 가진다 하더라도, 여러 문제에 부딪히며 창의적 사고를 통해 문제를 해결하는 데 자신의 역량을 다하지 못하는 경우가 발생한다. 기업의 요구는 창의 산업 시대에 걸맞은 창의 노동이 가능한 인재이다. 한 분야에서만 전문성을 가진 인재를 요구하기도 하지만, 동시에 다양한 과업을 처리할 수 있는 멀티태스커(Multi Tasker)를 필요로 한다. 같은 방식으로 경쟁해서는 살아남을 수 없다는 기업들의 현실 인식 탓이다.

이처럼 창의 인재를 요구하는 시대이지만, 실제 창의력을 발현하려고 할 때 이를 가로막는 저해 요인은 많다. 개인 차원에서의 심리적인 문제, 관련 지식의 부족, 잘못된 문제의 설정, 모순의 해결을 회피하려는 것들을 예로 들 수 있다. 관습적이고 전통적인 사고가 갖는 안정적인 효율성이 혁신적 아이디어의 창출을 방해하기도 하고, 다양한 관점에서의 문제를 검토할 수 있는 기회나 여유를 갖지 못할 때도 있으며, 새로운 기술 개발을 쫓아가지 못하면 문제해결에 접근할 수 있는 방안이나 도구에 다다를 수 없기도 한다. 그리고 해결하고자 하는 문제의 본질과는 무관한 목표를 설정하거나 새로운 지식에 대한 수용 없이 자신이 가지고 있는 지식이나 경험 안에서만 해결안을 찾으려고 할 경우에도 창의를 발현하는 데 도움이 되지 않는다. 또한 논리적으로 맞지 않는 모순이 발생하였을 때, 이를 해결하지 않고 회피하거나 숨어 있는 논리적 불합리성을 찾지 못한 채 단면적인 해결만을 찾으려고 하는 경우도 창의는 발현되기 어렵다.

그러나 이러저러한 저해 요인들을 해결할지라도, 과거의 경험을 토대로 형성된 잘못된 믿음으로 새로운 경험이나 행동을 하지 못하게 되어 스스로를 제한하는 자기제약(Assumed Constraint)에 빠지게 되면 창의는 시도조차 하지 못하게 된다. 즉, 할 수 없다는 강력한 믿음은 하려는 동기마저도 그 싹을 잘라내는 것이다.

창의적 산물을 얻기 위해서는 개인이 독창적이고 유용한 아이디어를 창출해 내는 것이 기본 전제라고 할 수 있다. 많은 연구들은 이런 아이디어를 생성할 수 있는 개인의 특성에 초점을 맞추어 왔지만 문제는 어렵게 얻은 창의적 아이디어도 이를 평가하는 위치에 있는 조직이나 집단에서 이의 소중함이나 잠재적 가치를 간과한다면 결국 쓸모없는 것이 되어버릴 수 있다.

관점더하기+

코끼리의 야생성을 파괴하는 또 하나의 의식 '파잔'

강한 모계사회를 형성하는 코끼리. 하지만 생후 4~5년이 지난 어린 코끼리는 '파잔'이라는 인간이 던져주는 혹독한 의식을 치러야만 한다. 어미와의 정을 떼게 만들고 인간의 명령에 철저히 복종하게 만들기 위해 코끼리의 야생 본능을 말살시키는 의식이다. 조그만 틀 안에 새끼코끼리를 넣고 인간의 명령에 복종할 때까지 날카로운 송곳으로 사정없이 찌르고 때린다.

이 의식은 3박 4일 동안이나 진행되고 일단 이 '파잔'을 겪은 코끼리는 육체뿐만 아니라 정신적으로도 야생성이 철저히 파괴된다.

2. 창의는 어디에 존재하는가

노벨의학상 수상자인 스페리(Sperry)는 좌우뇌분리모형을 통해서 모든 포유동물의 신경배선은 태어날 때부터 노동을 좌우로 분담시키고 있다고 하였다. 각 뇌반구는 반대쪽의 신체에만 연결되어 있으며 오른쪽의 시각, 촉각, 동작은 좌뇌가 분담하고, 우뇌는 신체의 좌측을 분담한다. 양반구는 신경계로 연결되어 서로 정보를 교환할 수 있게 되어 있으므로, 결과적으로 각 반구는 모두 직접 또는 간접적으로 신체의 양쪽을 보거나 만지거나 움직일 수 있다. 이러한 뇌의 특성을 활용한다고 가정하였을 때 창의적인 아이디어는 우뇌의 무의식적인 감각작용에 의하여 그 실마리를 찾게 되면, 그것이 좌뇌의 기능을 통하여 논리적 체계를 갖게 된다고 할 수 있다. 좌뇌와 우뇌의 이러한 협조적인 상승작용의 결과로 창의력은 발휘될 수 있다고 설명하였다.

좌뇌	우뇌
• **언어** : 낱말 사용 / 철자법 기억 • **시간** : 시간 측정, 일의 순서 정함 • **합리** : 사실적 근거를 둔 추론 • **계열** : 도출 정보의 계열적 처리 • **분석** : 단계적, 조직적, 사물파악, 이성적 평가 • **직역** : 문자 그대로의 뜻만 해석 • **순차** : 생각을 서로 연결해 전개 • **수학** : 숫자나 부호 해석 • **논리** : 논리적인 순서에 따라 결론	• **비언어** : 이미지를 통해 사실 이해 • **공간** : 위치와 공간적 관계 처리, 부분과 전체의 관계 이해 • **직관** : 육감, 느낌, 시각적 영상을 근거로 순간적인 깨달음 • **동시** : 동시처리, 전체파악, 전체윤곽 통해 사물 판단 감정 • **공상** : 이야기나 꿈을 만듦 • **비합리** : 사실, 추론을 거치지 않고 판단 • **예술** : 그리기, 색칠, 조각, 음악 • **은유** : 비유적 표현 이해

전 GE의 경영자인 네드허먼(Ned Hermann)은 스페리의 좌우뇌모형과 맥클린의 변연계 모형을 결합하여 전뇌모형(Whole Brain Model)을 제안하였다. 그는 뇌의 각 부분들에 대해 특징들을 분류하여 설명하였다.

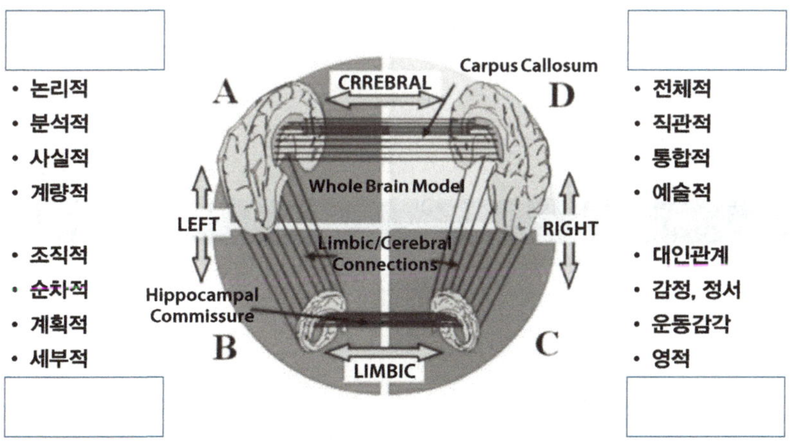

출처: Hope Unlimited, LLC

전뇌모형에서는 뇌를 크게 좌뇌와 우뇌로 나누고, 다시 뇌의 앞부분인 대뇌피질(또는 전두엽, 앞뇌)과 변연계로 구분하여 네 가지로 영역으로 설명한다. 좌뇌를 언어적인 뇌로, 우뇌는 예술적인 뇌로, 대뇌피질은 정신 기능을, 변연계는 감정 기능으로 구분하여 뇌가 사고에 관여하는 것을 분류해서 시각적으로 제시한 것이다.

A는 좌뇌의 전두엽으로 사실(Fact)에 근거한 사고를 담당한다. 예를 들어 자료 분석, 위험평가, 통계, 예산, 기술적 고려, 분석적 해결방법, 논리와 추론에 의한 의사결정을 한다. B는 좌뇌의 변연계로 형식(Form)을 강조하는 영역이다. 이 부분에서는 관리, 계획, 조직적인 형태, 안정보장, 결과의 구현, 현 상황 유지에 대한 것을 다룬다. C는 우뇌의 변연계로, 감정, 정서(Feeling)를 중시한다. 신체감각, 정신적인 가치, 음악, 팀워크, 양육, 대인관계, 의사소통 등의 기능을 담당한다. D는 우뇌의 전두엽으로 미래(Future)에 사고의 초점을 둔다. 가능성, 연결점들의 종합, 놀이, 꿈, 예견, 전략적 계획, 사업가적 기질 그리고 혁신적인 경향을 가진다. 인간은 네 가지 두뇌 기능을 모두 사용하기는 하지만, 사람마다 주로 사용하는 뇌기능이 있다. 이는 인지 기능의 강약점, 성격 발현의 선호도로 나타나게 된다.

✎ 전뇌모형(Whole Brain Model)을 참조하여, 내가 가장 선호하지 않는 하나의 영역을 선정하고 해당 영역의 두뇌 기능을 활성화하는 자신만의 실천방안을 적어봅시다.

A영역	B영역
C영역	**D영역**

3.
두뇌는 복잡계(complexity system)

앞에서 자신이 가장 선호하지 않는, 다시 말해 사용하기 힘들거나 효과적으로 사용되지 않는 두뇌 기능을 찾아 개발하는 실천적 방안을 모색해보았다. 우리는 누구나 더 잘하는 강점과 잘하지 못하거나 해도 성과가 낮은 약점이 있다. 양쪽 뇌는 같은 것을 다른 방식으로 사고하고 축적하게 함으로써 효과와 효율을 높인다는 점은 우리에게 강약점에 대한 새로운 관점을 갖게 해준다. 즉 우리가 골고루 두뇌 기능을 활용함으로써 창의적 사고를 구현할 수 있다는 점이다.

예컨대, 테니스를 칠 때 어떻게 하면 공을 잘 칠 수 있는가를 논리적으로 분석하고 이해하는 것은 좌뇌가, 총체적인 감각을 통해 서브, 발리, 스트로크, 로브, 드롭 샷, 스매시 등의 스킬을 익히는 것은 우뇌가 담당한다. 따라서 공을 잘 치는 사람에게 그것을 설명하라고 하면 다시 한 번 행동으로 쳐 보이면서 하나씩 그 과정을 분석하고 정리하여 설명할 수밖에 없다.

창의성이 발휘되는 작업에 있어서 직관적인 사고와 논리적인 사고의 건전한 상호작용이 필요하며, 창의적인 돌파구가 직관에 의해 열린다 해도 언어체계를 사용하여 직관을 논리적으로 기술하여 증명하지 않는 한 무의미하다.

참으로 놀라운 점은 두뇌의 각 부분이 서로 다른 기능을 담당하고 있지만, 특정 부위가 손상되면 다른 부위가 이 기능을 대체한다고 밝혀졌다. 펜슬 교수는 2010년 국립과학원회보(Proceedings of the National Academy of Sciences) 발표를 통해, 편도체가 손상되면 기억력에 관여하지 않던 침대핵들이 기억 기능을 대신 담당하기 시작한다고 연구 결과를 제시했다. 이는 두뇌가 가장 대표적인 복잡계임을 보여준 사례이다. 뇌의 역할과 기능들이 창의와 관련되어 있다는 것에는 동의하지만, 여전히 창의를 담당하는 뇌의 부위에 대해서는 온전히 밝혀져 있지 않다. 창의 발현은 특정한 기억이나 경험에서 전체적인 구조를 연상해내고, 구조의 각 부분들을 서로 연결하여 그 연결성을 찾아내는 것이 핵심이다.

CHAPTER 7.

상자 밖 창의

들어가기

지각심리학에서 '인간은 보여서 본다'가 맞느냐, 아니면 '인간은 보려고 해서 본다'가 맞느냐 라는 논쟁을 거듭해 왔다. 여러분은 무엇이 맞는 진술이라고 생각하는가? 아마 대부분은 '보이니까 보는 거다'라고 말할 것이다. 그러나 다시 생각해보면, 이미지가 망막에 맺혔을지는 모르나 실제로는 기억에 아무런 잔상을 남기지 않고 사라진 경우가 다수임을 알 수 있다. 다시 말해 보였을지 모르나 보지 못한 것과 다르지 않다는 것이다.

이러한 현상은 보려는 의지적인 노력이 인지 과정을 촉진시키며, 이는 기억과 사고로 이어지게 됨을 제시하는 하나의 사례이다. 따라서 우리는 시청(視聽)보다는 보고 듣는 견문(見聞)이 중요함을 알 수 있다. 이 장에서는 인간의 지각과 인지 과정을 통해 창의적 아이디어 발상과 현실화에 대해 학습해본다.

1.

상자 밖으로 나와야 하는 이유

다음의 두 가지 서로 다른 환경을 비교해봅시다.

여러분은 더 창의적인 사고를 하는 데 좋을 환경을 판단하여 그 이유와 의견을 적어봅시다.

환경 1. • 자유로운 복장 • 자유로운 출퇴근시간 • 수평적 조직문화 • 각종 업무 편의시설 • 강한 책임 추궁 • 높은 업무 강도 • 연봉제와 고도의 경쟁 환경	**환경 2.** • 정장 착용 필수 • 8시 출근에 늦은 퇴근시간 • 수직적 조직문화 • 딱딱한 사무실 환경 • 느슨한 책임 추궁 • 낮은 업무 강도 • 연공서열 비경쟁 환경

기업은 조직의 변화관리를 통해 직원들에게 타성에 젖지 않고 계속적으로 주변 환경과 업무를 바꾸어줌으로써 안정영역(Comport Zone)에 빠지지 않고 긴장감을 갖고 일하게 만든다. 그 이유는 과거의 성공에 얽매여서 새로운 시도를 하지 않고 혁신을 잊은 채 하고 있던 것만 계속 하려는 행동을 막기 위함이다.

창의는 결코 이러한 행동양식을 가진 상태에서는 발현될 수 없으며, 영어의 관용어구인 '상자 밖에서 생각하라(Think out of the box)'라는 말처럼 생각의 힘을 키워나가야 한다. 이 말은 닫힌 환경과 사고에서 벗어나라는 뜻으로 변화를 꾀하라는 의미인데, 그렇다고 주변 사람들과 스스로를 아무런 압박감이 없이 자유로운 상태에 놓아두라는 점은 아니라는 데 주목해야 한다. 창의는 서로 상호작용하고 부딪히며 치열하게 고민하는 사이에서 나오는 것이기 때문에, 리더라면 구성원들이 상자의 압박감을 느끼는 환경을 제공하는 것이 맞다. 상자 속과 같은 환경에서 치열함을 통해 사고를 상자 밖으로 계속 넓혀야 한다는 것을 기억하자.

2.
다르게 보는 창, 지각 오류(perception error)

✎ 아래의 그림을 눈으로 보고 판단할 수 있는 것을 묘사해 보세요.

사진출처 :
Parallel or not, that is the question. Fibonacci/Wikimedia

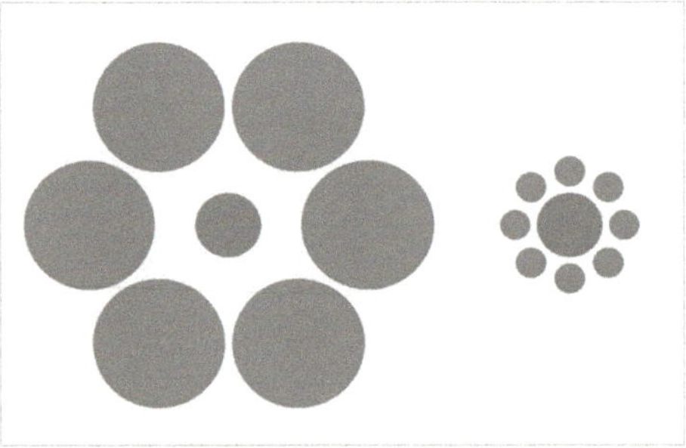

사진출처 :
https://en.wikipedia.org/wiki/ Ebbinghaus_illusion

지각이란 외부의 환경으로부터 자극을 선택적으로 받아들여서 해석하고 의미를 부여하는 일련의 심리적 과정을 말한다. 지각 오류는 외부환경으로부터의 자극이나 정보를 잘못 판단하거나 왜곡하여 받아들이는 경우이다. 인간의 지각 과정은 결코 완벽하지 않으며, 편견(Stereotyping), 선택적 지각 (Selective Perception), 후광 효과(Halo Effect), 대비 효과(Contrast Effect), 주관의 객관화(Projection) 등의 다양한 오류를 발생시킨다.

우리는 살면서 공정하지 못하고 한쪽으로 치우친 생각을 하게 되는 경우가 있다. 이런 상황에 대해 '편견을 가진다'고 이야기하며 차별 대우를 하는 것과는 구분해야 한다. 일반적으로 편견을 가진 사람은 자기가 싫어하는 소수집단의 구성원들이 서로 유사하다고 생각하는 경우이며, 이것이 굳어질 경우 '고정관념'이라는 고착화된 사고방식으로 표현하기도 한다. 예를 들어 '부자들은 가난한 사람을 무시한다'라는 말은 상당한 편견을 보여주는 예이다. 해외의 경우 세계적인 부자들 중에 실제로 어려운 사람을 위해 자신이 가진 것을 기부하고 나누는 경우를 많이 만날 수 있다. 또 사회의 주요 인사층이 참여하는 국제 로타리클럽의 경우 봉사활동을 통한 나눔을 중요시하는데, 빌게이츠부부의 게리츠재단과 함께 소아마비를 세계에서 퇴출시키는 데 큰 공헌을 한 사례도 있다.

흔히, '내 귀에 필터 있거든'이란 대화를 친구들과 한 번쯤은 나누어 봤을 것이다. 이것을 우리는 전문적인 용어로 '선택적 지각'이라고 한다. 정보를 모두 받아들이는 것이 아니고, 자신이 가지고 있는 지식이나 가치관에 비추어 일치하거나 자신에게 유리한 것만 선택적으로 받아들임을 말한다.

'후광 효과'는 인상이나 외모 등 시각적으로 지각할 수 있는 대상의 어느 한 특성이 그 대상 전체에 영향을 미치는 것을 말한다. 예를 들어 학점관리를 잘하고 성적에 신경을 많이 쓰고 있으니 스펙이 좋을 것이라고 인지함으로써 한 특성이 그 사람의 전체라고 생각하는 것이다.

'대비 효과'는 지금 지각하는 대상에 대해 최근에 상호작용했던 다른 대상과의 대조 평가를 하는 것을 의미한다. 매우 잘생긴 사람과 함께 있을 경우 상대적으로 자신의 외모가 낮게 평가될 거라고 생각하는 것을 대비효과에 의한 오류로 볼 수 있다.

주관의 객관화는 자신이 가지고 있는 성향이나 생각을 다른 사람에게도 귀속시켜 생각하는 데서 나타나는 오류를 이야기한다.

결론적으로 눈으로 보고 지각하는 것만으로 판단하기에 앞서, 내가 생각하게 된 것들이 실제로 보고 있는 것과 맞는지 다시 한 번 생각해보아야 한다. 성급하게 판단하기보다는 다각도로 생각해보는 연습이 필요하다.

사람들이 지각 오류를 범할 경우, 해석과 이해에 있어서도 정보를 왜곡하여 받아들이게 된다. 광고나 미술작품 등에서 이러한 지각의 오류를 활용하는 사례를 자주 볼 수 있는데, 작품이나 결과물을 통해 강한 메시지를 전달하는 데 효과적일 수도 있다. 지각의 과정은 주관적이기 때문에 조직화 및 해석 과정에서 객관적인 실체와 차이가 발생할 수 있다. 사람들은 실체에 반응하는 것이 아니라 해석된 실체에 반응하는 것이다. 우리가 지각한 것은 기억으로 넘어가는 구조를 가지게 되는데, 눈으로 본 것을 자신의 욕구와 동기에 의해서 정서적 반응을 나타내고 지각이나 이해 그리고 기억 등과 함께 인지적 반응을 거쳐 태도로 형성되는 과정을 거친다. 같은 사건이나 시각적 정보를 가진다 하더라도 내용을 가공하여 기억하고 다른 느낌으로 받아들이게 되는 것이 이러한 사고과정을 통해 생성되는 것이다. 지각 오류는 사람들에게 연상 작용을 강화시키거나 오래 기억에 남기게 할 수 있으므로 어떠한 것을 정하고 판단하는 데 있어서 오류가 있는지 검토해 보아야 한다.

관점더하기+

연상 작용이란 머릿속에 그림이나 사진처럼 이미지를 떠올리는 것으로 상상력이라고 할 수 있다. 연상 작용은 본질적으로 사람들이 주관적으로 생각하는 것이기 때문에 객관적일 필요는 없다. 그래서 단순한 개념이나 시각적으로 본 것 또는 감정적으로 느낀 것만으로도 연상 작용이 가능하다.

3.

지각의 오류를 이기는 힘, 논리력

아래에 제시된 사건을 읽고 논리적으로 답을 작성해봅시다.

지금 서류를 전달하기 위해 30층짜리 빌딩에 가게 되었다. 30층에 도착하면 서류를 받는 사람이 대기하고 있어서 승강기 문이 열리자마자 서류를 주고 다시 내려올 수 있다. 30층까지 곧바로 올라갔다 올 수도 있고, 몇 몇 층에 내리는 사람들 때문에 지체가 될 수도 있다. 건물 안에 승강기는 단 한 대만 운행하고 있으며 건물에 들어가서 서류를 건네주고 나오기까지 가장 빠르게 30층에 올라갔다가 1층으로 내려오는 경우, 반대로 30층까지 다녀오는데 가장 오래 걸릴 수 있는 경우의 시간 차이를 말해보시오.

실제 창의성 면접 질문 - 외국계 B컨설팅 그룹

논리력은 표면적으로 지각할 수 있는 현상을 원인과 결과의 인과관계로 파악하여 원인의 본원적 이유를 찾아 해결방안을 규명하는 능력이다. 지각한 어떤 상황에 대해 오류가 없는지를 확인하기 위해, 잠시 판단을 유보하고 명확하게 규명하기 위한 사고과정에 논리력이 필요하다고 할 수 있다. 논리적 사고는 기본 전제가 '왜 이러한 일이 있어났는지'에 대해서 묻고 생각하고 다시 되물어 가설을 세워 검증하는 것이다. 가설 검증의 피드백을 통해 얻어진 결과를 어떻게 할 것인가 여러 방법들을 놓고 고민하여 해결책을 찾는 과정이다.

최근 기업들도 이러한 논리력을 가진 인재를 선발하고자 채용 과정 중 면접 전형에 이를 도입하고 있다. 2015년 하반기 삼성그룹은 신입사원 공채 선발에서 '창의성 면접'을 도입하여, 면접관과 하나의 주제 또는 이야기를 풀어나가게 하고 있다. 면접관은 면접자가 정답을 찾아나가는 과정에서의 논리력을 점검한다. 면접 질문에서 제시문이나 면접관의 설명을 듣고 특정 주제에 대해 이야기하는 것이기 때문에, 언어의 논리력이 없다면 면접시간 동안 계속적으로 대화를 이끌어나가기 어렵다. 즉, 면접자는 합리적인 논리를 계속 만들어 면접관과의 토론을 이어가야 한다. 이러한 과정에서 자신이 생각하고 인지한 것과 상대방이 인지하고 생각하고 있는 것과의 차이점을 줄여나가며 논리적으로 상대를 설득해 나가는 과정을 확인한다.

4.
통념을 깨자

✎ 다음 제시된 광고를 보고 어떤 제품이나 서비스 또는 공익적 내용의 광고인지 적어봅시다.

	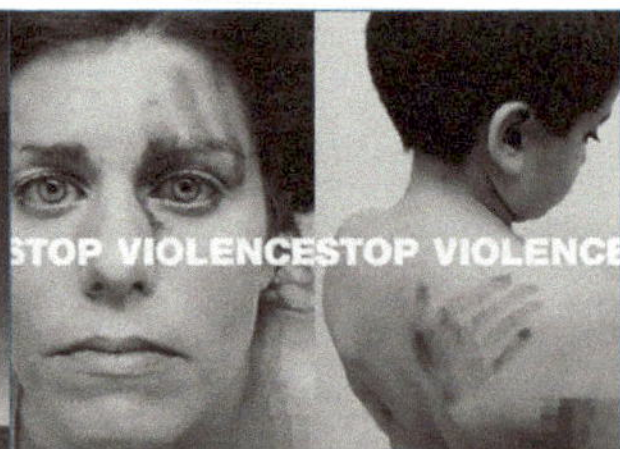	

우리가 보자마자, 듣자마자 떠오르는 인식의 틀, 그것이 통념이다. 통념은 잘 변하지 않고, 행동을 주로 결정하는 확고한 의식이나 관념을 뜻한다. 통념 자체가 잘못이라기보다는 고착되거나 고정되어 잘못된 판단을 이끌어낼 때 문제가 된다. 이럴 때는 고정관념이라고도 칭하며 일반화(generalization)와는 다른 개념이다. 일반화는 한 집단에 속한 대부분이 유사하다고 보는 관점으로, 연구나 폭넓은 증거를 근거로 하고, 새로운 객관적 사실에 의해 변화의 여지를 가지고 있다. 특히 편견이나 차별이 아니라 관계를 개선하고 확대하는 호기심으로 이어지게 한다.

가령 '강남에 사는 사람들을 모두 다 잘 산다'는 고정관념은 강남지역에 사는 배려 계층 지원을 약화시키는 오류를 발생시킬 수 있다. 우리는 살아가면서 학습과 경험을 통해 인식의 틀을 강화해 나간다. 특정 분야에 학문적 지식은 그 분야에는 통하는 개념, 즉 언어를 형성한다. 따라서 학교생활을 하고 사회에서 일하면서 통념을 쌓게 되는 것은 당연하지만, 지나친 일반화나 선입견으로 인해 다양성을 존중하지 않고 창의적이고 유연한 사고를 확산하는 데 방해가 되어서는 안 된다. 통념을 극복하기 위해서는 다른 사람들과의 의사소통을 통해 다양한 사고를 받아들이고 관습이나 관행 등의 이해로 서로 다를 수 있음을 인식하며, 생각의 다른 관점들을 연결하여 조합하는 유연성이 필요하다.

✎ 내가 가지고 있는 '통념'에는 어떠한 것이 있는지 적어보고 그 문제점과 개선방안을 찾아봅시다.

CHAPTER 8.

노력과 혁신의 산물은 창의적 사고

들어가기

개인 차원이든 소집단 차원이든 그들이 개발한 창의를 이야기한다면, 보통은 머리 좋은 누군가가 창의를 발휘했다고 생각한다. 너무나 자연스럽게 창의적 성과를 노력과 혁신으로 보지 않는 것이다. 하지만 일상생활에서 편리하게 쓰는 다양한 발명품들은 한 기업의 노력과 혁신 끝에 만들어 낸 결과물로, 상품화를 통해 성공 비결이자 대표 브랜드로 자리잡게 된 것들이다. 지금은 너무나 당연하게 있어야 할 것으로 받아들여지는 컴퓨터와 자동차, 전구 그리고 비행기 등이 해당된다. 시대의 흐름과 인류의 생활을 바꾸어 놓은 발명품들은 어느날 갑자기 쿵 하고 하늘에서 떨어진 것이 아니라, 지난한 노력과 혁신의 결과물임을 충분히 공감할 것이다.

1.
기억되지 않는 창의적 혁신

일본 SONY에서 개발한 '리더(Reader)'

미국 아마존에서 개발한 '킨들(Kindle)'

✎ 위의 두 가지 제품은 E-잉크를 사용하여 책을 읽을 수 있는 이북리더(E-book Reader) 기기입니다. 두 제품에 대해 자신이 최대한 아는 대로 아래 작성해 봅시다. 만약 제품에 대해 잘 모르고 있다면 그 이유도 생각해 봅시다.

관점더하기+

이북리더란 전자책 단말기로도 불리는 기기. 기존의 서적을 전자책 형태로 변환하여 태블릿PC와는 달리 전자잉크를 사용해 눈의 피로도를 적게 하고 실제 종이책을 읽는 것처럼 독서할 수 있도록 한 장치이다. 국내에서도 교보문고의 SAM과 다른 인터넷 서점들에서 사용하는 크레마 시리즈, 그리고 아마존의 킨들 페이퍼화이트가 대표적이다. 이북은 책 실본보다 저렴하며 구입 없이 전자 대여도 가능하여 경제적이다.

우리는 창의라는 단어를 떠올리라고 하면, 어느날 우연히 또는 갑자기 순간적으로 스쳐 지나가는 아이디어를 채택해 세상 사람들에게 화자가 된 것이라 떠올리기 쉽다. 하지만 전자책 단말기의 사례에서 알 수 있듯, 그런 것만은 아니다. '킨들(Kindle)'은 2007년 11월 아마존의 창립자이자 CEO인 제프 베조스(Jeff Bezos)에 의해 전자책을 다운로드하여 읽을 수 있는 장치로 공개되었다. 이 시기는 이미 소니(Sony)에서 Reader라는 제품을 먼저 개발하여 시장에 내놓았으나 거의 팔리지 않고 시장에서 외면을 받고 있는 상황이었다. 소니보다 전자제품 분야에서 인지도가 거의 전무했던 아마존의 제품이기에 많은 전문가들이 출시에 대해 부정적인 의견을 내놓았다.

그러나 킨들은 아마존이라는 세계에서 가장 큰 인터넷 서점과 쇼핑몰을 가지고 있고 고객들에게 방대한 분량의 책을 즉시 전자책에 다운로드하여 받아볼 수 있다는 강점을 가지고 있다. 소비자들은 무선 인터넷망으로 쉽게 책을 다운로드해 전자장치에 담아 읽게 되었다는 편리함에 크게 만족했다. 당시 먼저 시장에서 제품을 선보이며 마켓 리더로 자리 잡고 있었던 소니의 Reader 제품은 혁신적인 제품이기는 하였지만, 반드시 PC에 연결하여 책을 다운로드해야 했으며 복잡한 과정을 필요로 했다. 이러한 복잡함과 번잡함은 소비자들이 전자책을 사용해야 하는 이유에 대해 설명하지 못했으며 선택받지 못한 결과를 낳게 되었다.

그렇다면 아마존의 킨들은 혁신적인 제품이라고 말할 수 있을까? 혁신은 소니의 Reader 제품이 더 가까울 것이다. 하지만 지금 소니의 제품을 기억하지 못하는 세대에게는 아마존의 킨들이 전자책 시장을 이끌어온 혁신적인 제품이라고 생각할 수도 있다. 기존에 없던, 기존과는 완전히 다른 혁신적인 제품이더라도 결국은 고객과 소비자에게 선택받기 위해서는 제품 자체가 제공하는 가치만으로는 불충분하다. 우리가 생활하면서 이 제품과 관련하여 갖게 되는 사용자의 욕망, 동기, 환경, 라이프 스타일과도 충분히 연결되어 있는 매력적인 가치를 제안할 수 있을 때 비로소 시장의 성공에 다가설 수 있다. 이렇게 살아남은 혁신의 결과만을 우리는 기억하기 때문에 혁신을 위한 노력에 대해서 간과하기 쉽다. 그렇지만 제품을 넘어 우리가 실생활에서 주고받는 가치들에 대해서도 수차례 반복되는 개선이 필요하다.

관점더하기+

제프 베조스는 1964년 미국 뉴멕시코주 출신으로 학창시절 대부분의 시간을 컴퓨터로 보냈으며, 프린스턴 대학에 입학하여 전기공학을 전공해 수석 졸업하였다. 이후, 인텔, AT&T, 앤더슨컨설팅에서 취업 승낙을 받았으나 무명 벤처기업 피텔에 입사하였고, 2년 뒤 뱅커스 트러스트로 옮겨 10개월만에 최연소 부사장으로 승진하였다. 이후 금융사 D. E. Shaw의 펀드매니저로 1년 만에 26세 최연소 부사장이 되었다. 그러다가, 1994년 돌연 회사를 관두고 시애틀로 가서 아내와 함께 인터넷 서점이라는 아이템을 가지고 자신의 집 창고에서 창업하였다. 그로부터 1주일 만에 전 세계 45개 도시에 서적을 판매하기 시작하였고 1997년 회사를 상장하였다. 2013년 미국 3대 일간지인 〈워싱턴 포스트〉를 개인 돈 2억 5천만 달러에 인수하였다.

2.
영감에서 시작되는 창의, 그러나 갑작스러운 것은 아니다

✎ 우리는 생활하면서 평소에 잘 해결되지 않은 것이 있으면, 한 번씩 머릿속에 떠올랐다가도 다른 일 때문에 무신경하게 두고 있다가 다시 생각이 떠올라 고민을 하다가 어느날 갑자기 '아!' 하면서 일순간 모든 것이 정리되고 해결의 실마리를 찾았던 경험을 해본 적이 있을 것입니다. 자신의 이와 같은 경험을 적어 봅시다.

언제	
무엇 때문에	
얼마의 기간 동안	
갑자기 든 생각은	
어떻게 해결하였는가	

정말 갑작스럽게 떠오른 영감이었을까? 아니면 원래 알 수 있었던 것인데 잘 기억을 못 하다가 갑자기 기억난 것일까? 흔히 이렇게 갑자기 영감이 오는 순간을 전문용어로 '에피파니(Epiphany)'의 순간이라고 한다. '에피파니'는 그리스어로 신의 출현(神現)을 의미하며, '귀한 것이 나타나다'라는 뜻이다. 에피파니는 여러 분야에서 점차 다양한 뜻으로 응용되어 쓰이고 있다. 예를 들어 문학적으로는 작가가 일상의 어느 순간 마주치게 되는 진실의 순간을 의미하고, 경영학적으로는 어떤 제품이 갖는 기존의 인식에서 탈피하여 그 제품이나 기술의 본질을 새롭게 혁신하는 전략을 의미한다. 기존의 것에 새로운 생각을 입혀 전혀 다른 가치를 가지는 방법으로 혁신을 이루어내는 것은 '에피파니 전략'이라고 일컫는다.

이러한 영감의 순간은 하루아침에 오는 것이 절대 아니다. 어느날 갑자기 '유레카!'를 외치게 되는 것이 아니다. 우리가 살고 있는 공간과 환경에서 매일을 바쁘게 지내다가도 휴식을 취하고 다양한 생각을 하면서 부화의 기간 동안 인지하지 못한 것들까지도 어떠한 형태로든 계속적으로 생각들을 연결해 가며 새로운 아이디어를 만들거나 해결책에 근접한 결과까지 도달한 것이다. 결코 우연히 오는 것은 없다.

3.

일상생활에서 사용되는 모든 제품은 창의적 사고의 집합체

✎ 이번에는 워드작업을 하고 인터넷 정보를 찾으며 게임을 하는 데 있어서 반드시 필요한 키보드와 인터넷 기술을 알아봅시다. 우선 창의적 아이디어가 적용된 키보드와 인터넷 기술에는 어떠한 것들이 조합되어 있는지 적어봅시다.

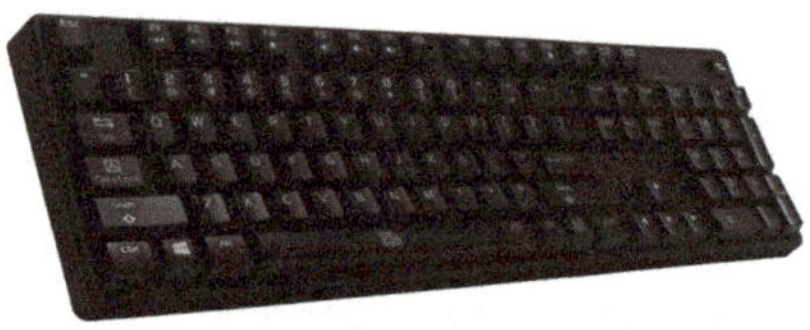	 월드와이드웹 인터넷
타이프라이터 (타자기)	전기 기술
플라스틱 사출 기술	
	데이터 패킷 기술
USB 연결방식	
	LAN 연결 기술

자신이 작성한 내용을 보면, 하나의 기술이 하나의 결과물을 만들어낸 것이 아니라 독립적으로 개발된 다양한 기술들이 우리가 흔히 사용했던 다른 것들과 결합하여 새로운 산출물을 만들어내고 있다는 것을 알 수 있을 것이다. 혁신은 여러 분야에서 지속적으로 이루어지고 있고, 이것을 조합하고 때로는 분리해 내면서 새로운 결과물을 만들어내는 과정에 창의적 사고가 기여한다. 즉, 새롭게 연결을 짓는 힘과 창의적 문제

해결 능력을 통해 한 가지가 해결되면 다음 것을 해결해 나가는 방식을 계속해야 하는 연속된 사고의 과정이다.

4.
혁신의 시작

창의적인 일에는 그 시작과 끝이 없다. 작곡가 존 케이지(John Cage)는 "당신이 시작하는 한, 어디에서 시작하는가는 중요한 문제가 아니다"라며 우리 모두가 어떠한 계기를 삼는 시작점을 통해 혁신이 시작되고 창의가 발현되는 것은 아니란 점을 다시 한 번 일깨워준다. 무엇인가에 대해서 혁신을 위한 노력을 하게 되는 기초는 다음의 여섯 가지에 의해서 시작된다고 할 수 있다.

첫　째, 어떤 특정한 방향에서 기울인 노력
둘　째, 노력과 방향 전환
셋　째, 호기심
넷　째, 부와 돈
다섯째, 필요성
여섯째, 조합

지금은 문서의 복사본을 만들기 위해 복사기를 사용하는 것이 어렵지 않다. 복사기는 1959년 제록스(Xerox)의 체스터 칼슨(Chester. F. Carlson)에 의해 개발된 것으로, 1963년 최초의 데스크톱 복사기를 출시하게 되었다. 칼슨은 첫 번째 복사기를 출시하기 수십 년 전부터, 흔히 한 우물을 판다는 이야기처럼 복사기 개발에만 매진했다고 한다. 다시 말해 특정 방향으로 기울인 노력의 결실이 복사기이다.
이와는 달리 개발 계획을 가지고 실험하면서 전혀 의도하지 않은 실패의 결과가 성공적인 혁신의 제품으로 만들어진 경우도 있다. 우리가 흔히 '뽁뽁이'라고 부르는 버블랩은 원래 단열재로 개발되었지만 IBM의 컴퓨터를 포장하는 데 사용되면서 안전하게 포장을 위한 제품으로 널리 알려지게 되었다.
이처럼 발명은 재미나 호기심처럼 개인의 단순한 관심에서 시작되기도 하고, 부를 쌓을 목적으로 시작되기도 한다. 기업경영에 필요한 목적 달성을 위해 의도적으로 다양한 것들을 조합해 보면서 새로운 것을 만들려는 시도가 성공한 것이기도 하다.
학창시절 경험하고 자극받고 스스로 다양한 길을 찾으면서 직업세계로 이행하는 과정을 거치게 된다. 대학에서 수강했던 과목 하나가 인생에 큰 영향을 주어 특정 직업인으로서

삶의 방향을 완전히 바꿔버리는가 하면, 학창시절에 가진 희망 직업인으로 성공한 이후 제2의 경력을 시작하는 것도 종종 찾아볼 수 있다. 그만큼 '지금이 항상 시작이다'라는 생각으로 모든 가능성을 열어두고, 스스로에게 도전하는 작은 것에서부터 시작해 더 큰 목표로 발전시켜 나가도록 하자.

나로부터 시작하는 혁신

● 내가 대학 4년 동안 기울일 노력은 무엇입니까?
● 지금까지 실패를 겪은 것이 결론적으로 이득이 된 사례를 적어봅시다.
● 내가 가장 호기심을 가지고 있는 것은 무엇입니까?
● 지금의 생활에서 가장 불편한 것은 무엇이고, 개선한다면 어떻게 하고 싶습니까?
● 나의 소지품 중에서, 더하거나 개선했으면 좋겠다고 생각하는 것은 무엇입니까?

5.
창의적 결과물의 채택 그리고 이노베이터

우리의 모든 생각이 창의적이지 않듯, 모든 창의적인 생각과 결과물이 채택되어 세상에 빛을 보게 되는 것도 아니다. 실제로는 채택이 용이한 것과 가장 좋은 생각이 만나는 지점에 있어야 최대한 많은 사람들에게 공감을 얻고 새로운 시도를 하게 된다. 다시 말해 합의가 이루어지는 최적정의 선에 있는 결과물이 채택되어진다는 의미이다.

1990년대 인터넷에 접속할 수 있는 다양한 웹브라우저가 존재했으나, 결국 네스케이프와 익스플로어가 채택되었다. 이후 익스플로어가 전 세계에서 압도적인 사용률을 지니게 되었다. 그러나 PC에서 모바일로 인터넷 접속 환경이 바뀌게 되면서 이러한 흐름 또한 다시 바뀌어가는 중이다. 지금 대학에서 학생들을 가르치는 세대의 사람이라면 마이크로 소프트에서 운영했던 MSN 메신저를 통해서 팀플 과제를 했던 기억이 있을 것이다. 지금 대학생이라면 과거 버디버디와 싸이월드 채팅 프로그램을 통해서 친구들과 만남을 지속했던 경험이 있을 것이다. 그러나 서로 다른 경험을 가진 두 세대가 지금은 기존에 사용한 것과는 완전히 다른 카카오톡이라는 하나의 모바일 메신저를 통해 대화를 나눈다. 카카오톡 대화방에서 의견, 사진, 파일, 동영상, 링크 등을 주고받는 전체 이용자가 무려 3,742만 2,014명에 이르며, 이용시간을 기준으로 점유율을 파악해보면 95%이다. 청소년의 57%가 하루에 2시간 가까이 메신저 서비스를 사용하고 있다.

이처럼 많은 사람들의 선택과 사용이 있다는 것은 단지 새로운 혁신만이 아니라 시대에 맞는 아이디어가 채택된 결과이다. 아이디어를 기반으로 한 서비스는 쉽게 전파될 수도, 반대로 쉽게 사라질 수도 있는 속성을 가지고 있다. 좋은 것은 주관적인 느낌이다. 좋은 것을 찾아 이루어낸 혁신일지라도 채택되지 않을 수 있다. 하지만 성패의 결정을 넘어서서 우리 삶에서의 필요를 다시 한 번 되짚어보고 삶의 이노베이터가 되기 위한 노력이 중요하다는 점을 기억하도록 하자.

관점더하기+

WD-40을 떠올린다면, 아버지가 무엇인가를 고치려고 할 때 항상 옆에 꺼내두던 제품으로 기억될 것이다. 이 제품은 계속된 노력의 결과를 제품명으로 네이밍한 특이한 이력을 가지고 있다. 약 중에 모든 사람들이 사용하는 빨간약(포비돈 요오드)처럼 기계에는 WD-40라는 말이 있을 정도로 이 제품은 유명한 방청윤활제이다. 작동공기계류의 소음 제거, 윤활, 방청, 기름때 세정용으로 사용되며, 특히 가정에서는 소음 제거를 위해서 많이 사용된다. 이 제품은 부식방지제로 만들던 것 중 40번째 개발법으로 만든 물건이라서 Water Displacement 40의 약자로 WD-40이 되었다. 39번째까지 만든 물건은 사용할 수가 없을 정도로 제품력이 형편없었지만, 39번의 실패를 뒤로 하고 만든 40번째 제품은 성능이 탁월하여 WD-40이라고 불렀다.

CHAPTER 9.

창의 산업과

창의 노동

들어가기

창의 산업은 다른 모든 산업과 연관되어 각 산업의 발전을 위해 융·복합을 이루는 개념을 넘어 하나의 독립된 산업군을 이룰 정도로 성장세를 이어왔다. 우리의 일상을 바꿔놓은 산업혁명 이후, 포디즘으로 대표되는 대량 생산에 의한 제조기반의 산업사회에서, 새로운 창의 산업으로의 패러다임 전환이 이루어지고 있다.
가까운 미래사회의 변화를 전망하고 예측하여 창의 산업에 대한 이해를 높이고, 창의노동에 대한 준비를 통해 아직 완전한 그림을 볼 수 없는 미래사회에 대비한 경쟁력을 갖추도록 하자.

1.
우리 모두의 미래 창의 산업

한국 경제를 이끌어가는 선도기업(leading company)을 이야기하라고 하면 삼성그룹을 빼놓을 수 없다. 삼성그룹의 이재용 부회장은 지난 2016년 2월 아시아 국가들의 교류협력 강화를 위해 중국 하이난성에서 열리는 '보아오포럼'에 참석하여 우리 경제의 새 성장동력으로 ICT(Information & Communication Technology, 정보통신기술), 바이오와 결합된 헬스케어(health care), 그리고 관광문화산업을 꼽으며 '창의산업'이 한국, 그리고 삼성의 미래라고 밝혔다. ICT는 삼성전자, 헬스케어는 제일모직과 호텔신라가 삼성에서 이야기하는 창의 산업의 축으로 떠오르는 대목이라고 할 수 있다.

관점더하기+

삼성전자는 갤럭시 시리즈로 대표되는 IT 디바이스와 갤럭시 기어를 필두로 하는 IT와 헬스케어의 융·복합제품을 주력으로 하고 있으며, 의료기기 분야까지 진출하고 있다. 제일모직은 리조트 건설부문을 통해 에버랜드를 운영하고 있으며, 호텔신라는 호텔과 면세점, 생활레저 사업을 운영하고 있다.

삼성그룹은 식료품과 비료 등의 1차산업과 중화학공업 및 건설의 2차산업을 기반으로 성장해 왔으며, 최근까지 전자와 반도체 그리고 ICT사업을 통해 글로벌 기업으로 발돋움해 왔다. 하지만 세계경제의 빠른 변화와 불확실한 미래 전망이 짙어지면서 앞으로의 먹거리를 '창의산업'으로 보고 새로운 변화를 이어가고 있다.

기존의 산업이 대량생산이나 규모의 경제로 대표되는 특징과 달리, 창의산업은 사람에게 집중되어 있다. 또한 지식경제와 관련되어 있는 모든 분야에 산업이 연결되어 있어 향후 지적재산권을 창출하는 전 산업에서 부가가치를 창출하고 소비자는 이를 유·무형의 형태로 소비하게 될 것이다. 기업들도 이러한 변화에 빠르게 대처하고 사람들이 행할 수 있는 모든 소비 성향을 연구하여 제품을 생산하고 콘텐츠를 만들어 창의 산업 중심이 되려는 노력을 기울이고 있다.

하지만 이러한 변화가 곧 기존 제조업의 소멸로 이어지는 것은 아니다.

제조업은 대량 고용을 책임지는 하나의 형태로 앞으로도 유지될 것이다. 창의 산업은 기존 산업과 연결되거나 또는 독자적인 영역을 구축할 것이다. 창의 산업 종사자들은 숙련과 자기고용적 성향을 가지고 개인의 창의적 능력과 문제해결력 그리고 프로슈머(prosumer)의 특징을 다양하게 융·복합함으로써 발전해 나갈 것이다. 창의 산업은 한 나라의 산업구조를 풍부하고 다양하게 만드는 요소이며, 산업의 전체적인 구조를 혁신으로 이끌어 가는 데 필요한 인력과 아이디어를 제공한다. 또한 창의 산업 혼자 존재할 수는 없지만 지식경제에 기반을 둔 미래의 경제구조를 이끌 수 있는 핵심 산업이기도 하다. 서울연구데이터서비스(http://data.si.re.kr)를 통해 산업 활동과 재정 부분에 대한 서울시의 창의 산업 현황을 살펴보면, 2000년에는 문화산업이라는 이름으로 영상과 게임 산업이 있었다. 강남에는 주로 대규모업체가 있었고 협력업체들이 강남과 가까운 신림동 지역에 소재하고 있었다. 2007년에는 창의 및 문화산업으로 분야명이 변경되어 총 43만명이 종사했으며, 2013년에는 총 53만명이 7만 2천여 개의 기업에서 일하고 있다는 통계 결과를 확인할 수 있다. 최근 경기도 지역을 중심으로 조성된 여러 벤처타운과 연구단지에서 일하는 근로자들까지 합친다면 창의 산업에 종사하고 있는 사람의 숫자가 지속적으로 늘어왔음을 확인할 수 있다. 머지않아 창의 산업 관련 업무에 종사자들을 만나는 것이 어렵지 않을 만큼 확대될 것이다.

관점더하기+

'프로슈머(Prosumer)'란 생산자(producer)와 소비자(consumer)를 합친 용어로, 제품을 쓰는 소비자이자 제품의 개발과 생산 과정에 참여하는 생산자를 말한다. 생산과 소비가 완전히 합쳐진 생활을 하게 될 미래의 인간이란 뜻으로, 미국의 미래학자 앨빈 토플러(Alvin Toffler)가 만들었다. 이와 같은 시대의 변화는 휴대전화, 자동차, 화장품 등 소비자가 생산에 참여해 커다란 성공을 거두는 사례로 점점 나타나고 있고 하나의 흐름으로 커다랗게 자리를 잡아가고 있다.

'크리슈머(Cresumer)'란 창조(creative)와 소비자(Consumer)를 합친 용어로, 창조적 소비자를 뜻한다. 창조적 소비자는 소비뿐만 아니라 제품 개발과 유통 과정에도 직접 참여하기 때문에 프로슈머보다 발전한 개념이며, 자신에게 필요한 제품을 직접 만들어 쓰는 현상을 일컫는다. 앨빈 토플러는 자신의 책 『제3의 물결』에서 프로슈머는 소비자로서 생산 단계에도 직접 참여한다고 예측했는데, 요즘 나타난 크리슈머는 소비자가 자신에게 필요한 제품을 직접 만들어 씀으로써 소비 형태의 반란 시대가 현실화되고 있음을 보여주고 있다.

✎ 지난 1년간 내가 소비했던 창의 산업 생산품에 대해서 적어봅시다. 그리고 이 가운데 내가 생산자로 참여했거나 다른 사람들이 소비할 수 있도록 유통에도 참여했다면 소개해봅시다.

2.
창의 산업, 한국의 현주소

미국 네바다주에는 세계적인 관광, MICE산업의 중심도시인 라스베이거스가 있다. 여기서 1967년부터 매년 CES(Consumer Electronics Show)라는 세계가전쇼가 개최된다. 이 전시는 과거에는 백색가전 제품의 기술력을 소비자와 경쟁업체에게 과시하고 가전제품의 최신 트렌드를 읽어볼 수 있는 자리였지만 최근에는 가전제품이라고 보기에 어려운 제품들이 창의적 기술력과 아이디어를 갖춘 융·복합 제품이 소개되고 있다. 최신 CES에서 가전제품의 미래이자 기업들의 성장 동력으로 소개된 창의적 제품에는 전기차, 자율주행차, 드론, 3D프린터, 사물인터넷 응용제품, 인공지능(AI), 가상현실(VR) 등 ICT 창조산업 분야가 대표적이다.

2010년, 삼성그룹의 이건희 회장은 "삼성에서 생산하는 대표 상품이 10년 이내에 대부분 사라질 것이라는 위기의식이 점차 현실화되고 있다"고 언급했다. 산업사회에서 정보화 사회로 넘어가는 데 실패했지만 창의 산업에서 새로운 강자로 다시 부상한 일본과 글로벌 G2 중국이 이 분야에서 이미 한국을 앞서나가고 있는 상황이다. 한국은 산업사회에서 정보화 사회로의 전환에 성공하였지만, 창의 산업 전환은 1인당 GDP가 이미 마이너스 성장을 기록했다. 무역 1조 달러 시대도 5년 만에 끝났으며 기업들이 위기의식만 강조할 뿐 뚜렷한 대안을 찾지 못하고 있다. 위기의 경고음만 울리고 있는 상황이다.

이제는 패러다임의 변화를 통해 제조업을 기반으로 하는 산업사회에서 정보화 사회로의 성공적 이행을 이루었고, 각 분야에서 경쟁력을 갖추어 지금까지의 성장을 이끌었듯 창의 산업을 통해 새로운 성장 동력의 발견과 발전이 필요하다.

관점더하기+

실제로 일본과 중국은 세계가전쇼인 CES를 통해서 앞서가고 있는 모습을 보여주고 있다. 중국은 우리의 카카오톡이라고 할 수 있는 '위챗'으로 행사 공식 메신저가 선정되었고, 러스왕은 전기자동차를 소개했으며, 벤처기업 이항은 실제 사람을 탑승시키고 시속 96km로 날 수 있는 드론을 공개하였다. 샤오미는 다양한 제품을 소개하면서 삼성, LG와의 기술 격차가 상당히 줄어든 모습을 자신 있게 보여주었다.

CES가 기업들에게 묻는 것은 '누구의 생각이 미래를 바꿀 것인가'이다. 혁신은 옛 영광을 뒤로하고 새 목표를 정하는 데에서부터 시작된다. 그 목표는 충족되지 않은 소비자들의 욕구를 찾는 노력이다.

✎ **전국경제인연합회 미래산업팀 김태형 연구원이 2014년 12월에 발표한 한중 산업별 통계 그래프 중 아래에 소개하는 한국과 중국의 세계시장 점유율 비교표를 보고, 격차 발생의 원인과 해결책을 작성해봅시다.**

관점더하기+

2017년 한국무역협회 기준으로 세계시장 1위 품목 보유국 1위는 중국으로 1,720개이며 2위 독일이 693개, 3위 미국이 550개, 4위 이탈리아가 220개이며 한국은 77개로 12위이다.

우리나라 10대 수출품목[1]을 8개 산업으로 재구성해 세계 시장 점유율을 중심으로 중국과 비교·분석한 결과, 스마트폰·자동차·조선해양·석유화학·정유·철강 등 6대 산업의 세계 시장 점유율에서 중국이 앞선 것으로 나타났다.

한국과 중국의 세계시장 점유율 비교						
	2003년			2013년		기준
	한국	중국		한국	중국	
① 스마트폰*	34.8%	14.6%	⇨	30.1%	31.3%	판매량
② 자동차	5.4%	4.7%		9.8%	12.5%	생산량
③ 조선·해양	42.9%	13.9%		30.8%	35.0%	수주량
	32.0%	11.4%		29.7%	30.7%	건조량
	37.7%	13.5%		27.9%	33.5%	수주잔량

	2003년			2013년		기준
	한국	중국		한국	중국	
④ 석유화학	5.34%	5.27%	⇨	5.4%	12.2%	에틸렌 생산능력
⑤ 반도체	7.4%	0.3%	⇨	**16.2%**	2.1%	생산액
⑥ 디스플레이	34.8%	0.0%		**44.8%**	10.4%	매출액
⑦ 정유	2.8%	6.6%	⇨	3.0%	13.3%	석유정제능력
⑧ 철강	4.8%	22.9%		4.1%	48.5%	조강생산량

*** 스마트폰은 10년 전 해당시장이 없었고, 변화가 빠르기에 '03년 → '12년 2분기, '13년 → '14년 2분기 데이터로 대체**

주1) 업종별 세계시장 점유율은 해당 업종에서 보편적으로 사용되는 기준을 바탕으로 산출

주2) 중국의 자동차 세계시장 점유율은 중국 기업의 생산량만을 별도로 계산하여 산출

주3) 스마트폰은 모든 중국·한국기업이 포함된 것이 아닌 Strategy Analytics에서 발표한 중국기업들과 한국기업들의 시장점유율을 합산하여 산출

3.
창의 노동자

'천재 신화'에서 우리는 창의를 떠올린다. 우리가 본 적은 없지만 기록과 구전을 통해 알게 된 역사의 창의적 사례에서 인물의 일화를 접하고 배웠으며 기억하고 있다.

창의 프로세스의 순서는 전체적으로 볼 때, 잠재의식의 통찰에서부터 합리적인 분석에 이르기까지 서로 모순된 사고 스타일을 교차하면서 진행된다. 창의적 문제해결이란 문제를 직접적으로 생각하지 않는 상황에서 예기치 않게 드러난다고 크리스 빌튼(Chris Bilton)은 그의 저서 『경영과 창의성』에서 밝히고 있다. 이러한 프로세스에 의해 다른 사람들에게 널리 알려진 정도의 창의력 사례가 천재신화로 전해져 오는 것이라고 할 수 있다.

창의력은 타고난 본능이며 선택받은 일부 사람들의 전유물이 아니다. 창의적 문제해결 능력은 열심히 노력해서 얻어지는 전문성에 의해 어느 순간 생각의 교차로 발현되는 것이지 특별한 능력에 의해 행해지는 것이 아니다.

개인의 창의성이 모여 조직과 기업의 창의성이 되고 국가의 창의성이 되는 것이지, 한 사람의 능력에 의해서만 완성되어지는 것이 아니란 점도 알고 있어야 한다.

또한 조직의 창의력은 단순히 개인 창의의 총합이 아니라, 조직 차원에서의 또 다른 역동적, 동태적 역량이다.

따라서 창의적 사고력은 기술의 발달과 경제적인 부분이 융합되면서 산업 관점에서 해석할 필요가 있다. 천재가 아니더라도 한 분야에서의 노력을 통해 경험을 쌓고 오랜 업무경험과 훈련에 의해 개인의 창의력 수준도 개발되고 발달되어질 수 있다. 창의적 경영을 통해 기업의 구조를 바꾸어 나가고, 천재성이 아닌 프로세스에 의한 창의 역량 강화가 먼저라는 것을 인식해야 한다. 이러한 창의의 이론과 실체에 대한 접근은 내가 창의인재로서의 성장 진로를 설정하고 개발하는 데 토대가 될 것이다.

✎ 다음은 창의노동자에 대한 세 가지 오해입니다. 아래의 아이맥 개발에 대한 인터뷰 내용을 읽어 보고 창의노동자의 세 가지 오해의 측면에서 고려해야 할 사항들을 정리해 봅시다.

창의노동자에 대한 오해

– 창의적 천재 1명이 행하는 것만이 창의노동이다.

– 반드시 새로운 것을 만들어내는 것이 창의노동이다.

– 구속과 제약이 없는 상황에 일하는 노동환경이어야 한다.

지난 2000년 애플의 창업주이자 전 CEO인 스티브잡스는 〈포춘(Fortune)〉지와의 인터뷰에서 "최신형 아이맥을 개발하며 저는 확고하게 쿨링팬을 없애자고 했습니다. 컴퓨터가 계속해서 윙윙대지 않는다면 일하기가 훨씬 더 쾌적할 것이기 때문입니다. 쿨링팬을 없애는 것은 그저 나의 결정으로 가능한 일은 아니었습니다. 전력을 관리하는 더 나은 방법을 알아내기 위해, 기계의 열전도를 더 높이고자 막대한 기술적인 노력이 필요했습니다. 이 노력은 결코 겉치레가 아니었습니다. 개발에 착수한 바로 그날부터 제품의 핵심이었습니다"라고 밝혔다.

관점더하기+

〈포춘(Fortune)〉은 1930년 헨리 루스에 의해 만들어진 미국의 최장수 비즈니스 잡지로, 매년 기업 이익 순위표를 정기적으로 발표하는 것으로 유명하다. 현재 타임워너가 소유하고 있다.

현재 우리가 사용하는 스마트폰은 매우 얇고 가벼우면서 과거 몇 백 kg의 컴퓨터보다 월등하게 효율이 좋으며 성능 면에서도 압도적이다. 그런데다 가격도 저렴하다. 스마트폰으로 시스템과 네트워크 부하가 크게 걸리는 게임을 해본 경험이 있다면 얼마 지나지 않아 스마트폰이 상당히 뜨거워진다는 느낌을 경험했을 것이다. 시스템을 사용하면서 상당한 열이 발생하는 것이다. 이것을 식혀주기 위한 장치가 열을 밖으로 방출하고 있어 손으로 느껴지는 것이다. 하지만 기계가 못 잡을 정도로 뜨거워지거나 심각한 손상이 발생하지는 않는다.

초기 스마트폰을 개발하는 데 있어 발열을 잡아야 성능을 높일 수 있다는 이야기가 괜히 알려진 것이 아니다. 하지만 스마트폰에는 우리가 알고 있는 커다란 팬(PAN)이 달린 환풍기와 같은 쿨링팬은 없다. 간혹 데스크톱 컴퓨터에는 부착되는 경우가 있기는 하지만, 노트북에도 이제는 이러한 쿨러가 장착된 제품을 출시하지 않는다. 그렇다면 쿨러가 없는데 어떻게 상당한 열을 내는 기기가 일정 수준의 온도를 유지할 수 있을까? 쿨러가 아닌 무엇이 고안되어 내가 사용하는 일상적인 기기에 적용된 것일까?

창의적 문제해결 과정을 통해 산업에 영향을 줄 수 있는 체계적인 프로세스를 만들어내는 조직의 창의력은 혼자의 힘으로 만들어지지 않는다는 것을 알 수 있다. 1990년대 말 지금보다 기술력이 낮았던 시기에 아이맥 개발을 하면서 팬을 제거하기 위해 회사의 수많은 개발자와 엔지니어들이 함께 만들어낸 결과, 혁신을 이룰 수 있었다. 당시 일반적으로 사용한 쿨링팬이라는 냉각장치를 사용하면 되는데, 왜 새로운 냉각장치 내지는 무(無) 쿨링팬이어야 하는지의 당위성을 찾기 위해 스티브 잡스는 상당히 노력했을 것이다. 기계의 열전도를 높이기 위한 여러 기술이 개발되었을 것이고, 그 과정에서 수많은 시행착오와 창의적 문제해결 과정을 겪었을 것이며, 이러한 창의노동은 천재 혼자의 힘이 아니라 집단지성에 의해 가능했다.

위의 사례에서 한 가지 오해를 더 확인해보자면, 쿨러를 제거하고 컴퓨터를 만드는 것 자체가 기존에 없던 전혀 새로운 방식이었는가 하는 점이다. 다시 말해 쿨링팬이 없는 컴퓨터가 세상에 처음으로 나온 것인가? 여기에서 IT기술에 대해 좀더 부연 설명하자면, 쿨링팬이 없는 것이지 냉각장치가 없어진 것은 아니다. 엄밀히 말하면, 냉각장치를 기존에 없던 방식으로 차용한 것, 즉 소음이 없는 쿨링팬으로 대체했다는 것이 정확하다.

우리는 이것을 단순하게 팬없는 컴퓨터가 나왔다고 하지만, 필수적으로 적용되는 냉각장치는 그대로 존재하며 대체 제품을 통해 컴퓨터가 조용해진 것뿐이다. 이것이 소비자들의 결정에 중대한 영향을 끼치게 된 부분인데, 소비는 계산이 아닌 가치인식에서 시작된다는 개념과 일치한다. 소비자들이 이해하고 공감하는 것에 대해 창의력을 인정받고 세상에 알려질 수 있었던 것이다. 기술적으로 보면 패시브쿨링 방식을 도입하여 쿨링팬은 없어졌지만 방열판과 히트파이프 등의 기술이 적용되고 다양한 소재의 연구와 개발이 있었다.

전혀 새로운 것을 만들어내는 것이 아니라 기존에 사용한 것을, 개선을 넘어 혁신에 가까운 변화로 이끌어냈거나, 다른 분야에 걸쳐서 넓게 퍼져 있는 다양한 형태의 지식을 조합하여 적합하게 사용함으로써 문제를 해결하거나 혁신을 이루는 데 적용하였다. 창의적 프로세스는 서로 다른 유형의 사고들을 종합한 것이다. 따라서 혁신과 창의적 성과를 창출하는 조직적 역량이 활용된 사례라고 할 수 있다.

창의노동을 하려면 반드시 개방되고 편안한 환경을 가진 공간에서 수평적 조직구조를 가지고 있어야만 발현이 가능한가에 대한 오해도 생각해 볼 수 있다. 애플사와 같은 세계적인 기업의 본사 근무환경이라면, 다른 경쟁기업들과 마찬가지로 상당한 편의를 제공하고 업무에 집중할 수 있게 하는 데 큰 차이가 없을 것이다.

하지만 세계적인 창의기업으로 성장한 사례들을 보면 처음부터 이러한 인프라를 갖추고 시작한 것은 아니다. 창업주의 집에 딸린 차고나 창고에서 시작한 IT기업들이 대부분이고, 지금도 대학의 작은 연구실이나 시내에서 흔히 볼 수 있는 작은 비즈니스센터에서도 혁신을 기반으로 하는 창조산업의 선도기업들이 나타나는 것을 볼 수 있다. 이러한 기업이나 여기에 근무하는 종사자들이 애플사에 견주는 환경에서 근무를 했다고 보기는 어려울 것이다.

조직 문화에 있어서도 수평만을 강조할 경우, 오히려 조직의 효율성이나 책임지는 문화를 약화시킬 수 있기 때문에, 수평적인 것만큼이나 책임도 동시에 부가된다는 점을 생각해야 한다. 아주 편안하기만 하고 스트레스가 없는 환경에서 창의가 발현된다고 보기는 어렵다. 한 스테인리스 생산 공장에서 직원들이 라인에서 생산 업무를 하다가 일정시간 노동 후 휴식시간을 가지고 다시 일하는 업무환경을 보고 거기서 몇 년간 일하던 한 생산관리자가 의자를 제안했다. 구성원들이 앉을 데가 없어 다들 스테인리스 더미에 앉아서 휴식을 취하는 것을 보고 의자를 제안해 생산라인이지만 쉴 수 있는 공간을 마련한 것이다. 이것만으로도 이 회사는 산업재해가 줄어들고 생산력이 올라갔으며 직원들의 업무만족도 또한 이전에 비해 상당히 개선되었다고 한다. 많은 대학생들이 기업의 위치, 좋은 인테리어와 책상 등 사무용품을 갖춘 쾌적한 환경에서 일해야만 창의적일 수 있다는 막연한 생각을 가지고 있다. 그러나 창의적 환경이 물리적 요소만을 의미하지 않는다는 점을 고려해야 한다.

창의는 누군가와의 협력과 교류를 통해 그것이 세상에 알려지고 영향을 주는 데서 의미를 찾을 수 있다. 창의적 역량을 강화하기 위해 각자가 기존에 가지고 있던 방식을 존중하면서도 과감히 이를 버릴 수도 있는 결단이 필요하다. 큰 그림을 보며 개별적으로 전문화된 과업을 완성된 상품으로 현실화시키는 것이 창의적 성과 창출이다.

4.
창의 산업, 창의 노동 시대 우리가 준비해야 할 것들

일본의 대표 창조경제통으로 불리는 일본교육대학원대학의 다카하시 마코토 교수는 창의 산업을 이끌어갈 인재의 요건을 여덟 가지로 제시하였다.

첫째, 자주성이다. 자주성은 누군가가 만들어주는 것도 아니고 시간이 지난다고 자연스럽게 얻어지는 것도 아니다. 스스로의 노력을 통해서 무엇인가를 이루어낸다는 의미이다.

둘째, 충동적인 성향, 곧 적극적으로 대응하는 자세를 말한다. 아무리 창의적 사고를 통해 문제를 해결할 수 있다 하더라도, 적극적인 태도를 견지하지 못한다면 빛을 발할 수가 없기 때문이다.

셋째, 쉽게 타협하지 않는 고집이 있다.

넷째, 자신이 전문성을 키우기 위한 호기심이 강하다.

다섯째, 개방적인 성격으로 다른 사람들의 의견을 듣고 나누고 공감하며 자신의 생각의 범위를 넓히고 소통을 통한 협업을 통해 집단지성을 발휘하는 데 있어 지식리더로서 역할을 다할 수 있어야 한다.

여섯째, 의외로 내성적인 성격을 가지고 무엇을 어떻게 하는지는 알겠는데 왜 이러는 것일까에 대한 집중력을 가진다.

일곱째, 스스로를 잘 관리하며, 마지막으로는 자신이 가진 전문성에 대해서 순수함을 잃지 않는 사람이 창의 인재라고 설명한다.

창의 인재의 성향을 자신이 희망하는 분야에서 필요로 하는 요건과 맞춰보면서, 창의 산업 시대에 창의 노동자로서 업무를 혁신시켜 나갈 수 있는 요건들을 갖추기 위한 노력이 병행되어야 할 것이다.

✎ 창의적 인재로 성장하기 위해 학교생활에서 무엇을 준비해야 할지, 졸업 시점을 시작으로 역산 스케줄링을 작성해 봅시다.

	4학년	3학년	2학년	1학년
졸업	취업준비			창의적사고 수강

관점더하기+

창의적인 자기변화에 힘을 주는 방법 12가지

① 늘 가장 소중한 것이 무엇인지 생각하고 그 가치에 따라 움직이라
- 그러면 후회가 적다.

② 자기 선택권, 결정권을 즐겁게 활용하라.
- 자장면을 먹을까 짬뽕을 먹을까 같은 작은 선택부터 즐겁게 하면, 자기가 선택한 것은 잘 받아들이고 실행하게 될 것이다.

③ 내면에 충실하고 있는지 늘 자기 자신에게 물어라.
- 라이프스타일의 균형을 유지하고 있는지, 자신을 개발 시키고 싶은 새로운 분야에 대해 알아보고 배울 계획을 세우는지 등등

④ 매일 혼자 있는 시간을 확보해서 자기 일에 대한 우선순위를 재배열하라.
- 이것은 소중한 것을 찾아가는 귀중한 시간이다.

⑤ 자신이 좋아하는 일을 하라.
- 열심히 공부하느라 고된 당신에게 한 달에 한번이라도 선물을 하라

⑥ 자신의 강점에 초점을 맞추고, 취약점을 보완하라.
- 자신감이 점점 단단해질 것이다.

⑦ 즐기면서 한 일과 마지못해 한 일을 기록해 보라.
- 즐기면서 한 일에 대한 성취가 눈에 보일 것이다

⑧ 내가 진실로 존경하는 분은 누구인가.
- 그 분을 생각하면 뜨거운 열정이 생길 것이다.

⑨ 항상 또 다른 계획 B를 가지고 있어라.
- 그래야 당황하지 않고 늘 여유를 가질 수 있다.

⑩ 당신이 바라는 이상적인 한 주를 설계해 보라.
- 무엇을 가장 소망하는지 알게 된다.

⑪ 우정에 대해 생각하며 이번 주에 허심탄회하게 얘기할 대상을 찾아보라.
- 솔직하고 용기 있는 대화를 하면 힐링이 된다.

⑫ 자신만의 스트레스 해소법을 실천해 보라.
- 그것이 무슨 일을 하든 지치지 않고 오래 가는 노하우다.

CHAPTER 10.

조직도 학습한다, 창의 혁신 기업

들어가기

개인이 경제수명을 늘리기 위해 일하면서도 공부를 하고 자기계발을 열심히 하듯, 기업도 지속가능한 경영을 위해 여러 노력을 기울인다. 한 시대의 주력 기업이었다 하더라도 급변하는 환경에 적응하지 못했거나 변화를 수용하지 않는 조직문화에 의해 시장에서 사라진 많은 사례들은, 우리가 생존을 위해 얼마나 치열하게 노력해야 하는지를 여실히 보여준다. 지금 기업들은 직원들에게 직무능력개발을 통해 창의적 문제해결로 혁신을 이룰 수 있는 역량을 갖추도록 하고 있고, 모든 의사결정에 있어 그 중심을 고객에 집중하고 있다. 이러한 창의혁신 기업에 대해 살펴보도록 하자.

✎ 아래 사진 속 사물에 대해 자신이 아는 대로 적어봅시다.

	이름 :
	용도 :
	마지막 본 기억은?
	이름 :
	용도 :
	마지막 본 기억은?
	이름 :
	용도 :
	마지막 본 기억은?
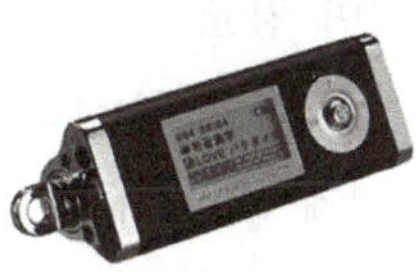	이름 :
	용도 :
	마지막 본 기억은?
	이름 :
	용도 :
	마지막 본 기억은?
	이름 :
	용도 :
	마지막 본 기억은?

과거에 사용했던 물건 가운데 당시에는 아주 중요하고 사용 빈도가 높았던 최신 기술이 반영된 것들이 많다. 지금 되돌아보면 기술의 수준도 낮고 현재는 거의 사용되지 않거나 다른 물건으로 대체된 것임을 쉽게 찾아볼 수 있다. 이것은 기업들이 가치창출을 위해 끊임없이 연구개발을 하면서 기능을 업그레이드하거나 새로운 제품으로 시장에 내놓으면서 경쟁을 통해 계속적인 변화를 일으킨 것이다. 즉, 창의적 사고를 통해 기존의 것들을 합치고 조합하여 새로워 보이는 물건의 출현을 지속함으로써, 기존의 시장을 다시 재편하고 바꾸는 과정을 통해 산업의 생태계를 변화시킨 것이다. 물론 이 과정에서 경쟁에 도태되거나 제대로 된 현금성(cash cow) 상품을 만들어내지 못한 기

업은 강력한 구조조정이나 워크아웃 등을 통해 시장에서 잊혀지는 경우가 많았다. 생물처럼 제품 또한 수명이 있고, 기업 또한 마찬가지다. 생태계에서 살아남기 위한 생존 싸움은 기업간, 제품간에도 벌어지고 있는 현상이며, 결국 창의인재를 찾고자 하는 시도가 인재전쟁이라는 용어로 대변될 만큼 가속화되었다.

1.
기업도 수명이 있다

세계 500대 기업의 평균수명은 40~50년 정도이고, 미국에서는 매년 50만개 이상의 기업이 생기고 10년 뒤 4%정도만 사업을 유지한다. 오랜 역사를 가진 기업이 많은 국가로 알려진 일본의 경우도 10년 후 기업의 사업유지율은 18.3% 정도 수준이다. 한국의 경우, 대한상공회의소에서 2006년에 발표한 〈장수기업에서 배우는 지속성장 전략보고서〉에서는 코스피 상장기업 686개의 기업나이 평균은 32.9세이며 평균 사업유지기간이 33년이라고 한다. 즉, 기업의 평균수명이 33세라는 이야기다. 〈포춘지(Fortune)〉가 1990년 선정한 미국의 500대 기업들 가운데 10년이 지난 2010년에 121개사만이 살아남아 75%의 500대 기업들이 이름을 내렸다. 엑센츄어(Accenture) 컨설팅에서는 스탠더드앤드푸어스(S&P) 500 지수 편입기업의 평균수명이 1990년 50년에서 2010년 15년으로 단축됐고, 2020년에는 10년으로 줄어들 것이라는 분석을 내놨다.

이러한 내용을 보면 지금 우리가 광고에서 익숙하게 보는 소위 잘 나가는 기업이라고 인식되는 기업조차도 30년 뒤 사업을 계속 하고 있을지 모른다는 것이다. 우리는 수명이 다한 기업들이 아닌, 이러한 경쟁 속에서 살아남은 기업들에 관심을 가지고 집중적으로 들여다볼 필요가 있다. 전문가들은 과거의 영광에 안주하여 변화와 혁신에 소극적이었던 기업들이 쇠락의 길을 걸었던 반면, 현실을 직시하여 변화를 받아들이고 다른 방향을 모색했던 기업들은 계속해서 이름을 남기고 있다고 말한다. 여기에서 말하는 '다른 방향'을 모색했다는 의미를 들여다보면, 다른 방향이란 기존의 성공신화를 완전히 잊어버리고, 즉 의도적으로 망각하고 원점에서 다시 새로운 방향을 찾아 나섰다는 것이다. 기업들은 지속적으로 혁신의 노력을 하면서 창의적 문제해결 과정을 거쳐 변화에서 살아남을 수 있는 경쟁력을 갖춰가는 고통의 변화 과정을 적극적으로 수용해 왔다.

1976년 세계 최초로 디지털 카메라를 개발한 회사는 어디일까. 이 회사는 세계 최초로 디지털 카메라를 개발했지만, 매출 비중이 가장 높았던 필름과 인화지사업을 잠식할 것을 우려해 이를 외면했다. 뒤늦게 2000년대 들어 디지털 카메라 시장에 뛰어들었지만 필름 매출이 떨어질 때조차 중국을 비롯한 신흥시장의 필름 수요가 늘어날 것이라는 낙관적 전망을 버리지 못했고 결국 파산의 길로 접어들었다. 바로 '코닥'이다. 반면 후지필름은 사진 현상에 사용되는 콜라겐을 필름이 아니라 화장품으로 출시해 성공을 거두었다. 핵심역량이 동일했던 두 회사가 어느 길을 선택했느냐, 하던 길과 다른 길로 가느냐에 그 유명을 달리한 것이다.

2.
생존과 성장을 위해 조직도 학습한다

기업에서는 조직 구성원들이 직무 수행에 대한 전문성을 높이고 조직 전체의 경쟁력을 높이기 위해 교육훈련을 실시한다. 근래에는 인터넷을 활용한 온라인 교육과 교실수업인 오프라인 교육을 섞어서 제공하는 블렌디드 러닝(blended learning)의 형태로 교육의 성과를 높이고 있다. 특히 업무와 학습을 병행할 수 있도록 하여 직원들이 계속해서 학습하고 정보를 지식화하여 실제 업무에 활용하도록 독려한다.

기업에서 실시하는 교육은 직무와 관련된 것뿐만 아니라, 인문학, 외국어, 취미활동 등 다양한 분야가 포함된다. 가장 많은 교육을 실시하는 분야에는 조직 활성화, 변화관리, 자기혁신, 창의성 등이 꼽힌다. 조직 내에 학습문화가 중요한 이유는 산업의 변화속도가 이전시대에 비해 빨라졌고 배움의 문화를 만들지 못했던 기업들은 대부분 뒤쳐져 있거나 생존에 실패한 사례를 남겼기 때문이다. 조직의 학습문화가 잘 정착되어 있는 조직은 적극적으로 정보를 수집하고 이를 반영하며 생산적으로 발견점을 공유해 나가면서 성과를 향상시키는 특징을 가지고 있다.

GE 캐피탈의 경우 모든 직원의 임무 중 하나가 교육이라고 규정하면서 조직이 학습하는 문화를 만들어야 함을 강조하고 있다. 실제로 GE는 기업교육 사례에 가장 선도적이고 모범이 되는 회사이며, 강의 기법이나 사례들이 GE에서 출발한 경우가 많고 국내에서도 GE 출신의 임원들이 여러 기업에서 일을 하고 있는 모습에서 그 경쟁력을 확인해볼 수 있다.

GE그룹은 1878년 우리가 가장 잘 알고 있는 에디슨의 전구에서 시작한 회사로 한 때 백색가전과 생활가전을 만들던 회사였지만 기업의 지속적인 혁신을 통해서 X선을 질병 치료에 사용하도록 하여 의료기기 헬스케어 시장의 리더가 되었다. 또 항공기 엔진 분야에서 가장 독보적인 기술을 가지고 있으며, GE크래딧을 시작으로 '금융리스'라는 개념을 처음 만들어 현재의 금융산업에서 가장 경쟁력 있는 기업으로 존재하고 있다. 2016년을 기준으로 138년 동안 정상의 자리를 잃지 않고 글로벌기업들 중에서 선도기업으로 자리매김하고 있는 것이다.

> **관점더하기+**
>
> 조직학습(Organizational learning)을 한 마디로 정의하면, 새로운 지식을 습득하고 적용할 수 있는 조직의 역량이라고 할 수 있다. 조직학습의 대표적인 양식은 두 가지다. 첫째, 탐색적 학습(explorative learning)은 기존에 보유하지 못한 새로운 지식을 찾아서 학습하는 것이다. 둘째, 활용적 학습(exploitatory learning)은 기존의 지식을 더욱 발전적으로 사용하는 학습이다.
>
> 탐색적 학습은 창의에서 다양한 아이디어를 창출하는 발산적 사고, 활용적 학습은 발산적 사고를 통해 나온 다양한 아이디어에서 가장 타당한 하나로 좁혀가는 수렴적 사고와도 맞닿아 있는 개념으로 볼 수 있다.

학습조직(Learning organization)이란 조직 구성원들이 새로운 지식을 찾아내고 만들고 공유하는 활동을 통해 새로운 환경에 적응할 수 있도록 계속적인 혁신을 할 수 있는 조직을 말한다. 개인의 혁신이 조직혁신을 이룰 수 있으며 조직은 환경 적응력과 경쟁력을 키워나가는 원동력이 되기 때문에, 변화하는 경영환경에서 능동적으로 적응하고 변화를 주도하기 위해 기업에서는 조직이 학습을 하는 문화에 대해서 중요하게 다루며, 각 조직들이 학습조직으로 변모하도록 노력하고 있다.

참고로 조직학습에서의 조직과 학습조직에서의 조직은 다른 개념이다. 개인이 아닌 집단, 크게는 조직 단위에서 이루어지는 학습을 조직학습이라고 하며, 단위 조직이든 특정 목적으로 구성된 별도의 집단이든 간에 학습조직으로서의 요건을 갖추게 될 때 일컫는 명칭이다. 학습조직은 셍게(Senge)에 따르면, 구성원 자신들이 진심으로 원하는 결과를 창출하는 데 필요한 역량을 지속적으로 개발시켜주는 조직이다. 따라서 새롭고 창의적 사고가 길러지고 집단적 포부가 자유롭게 논의되며, 구성원들이 함께 학습해 나가는 배움조직이라고 할 수 있다.

> **관점더하기+**
>
> **학습하는 조직의 특성**
>
> ① 구조 : 팀워크, 수평적 구조, 강한 수평적 관계, 네트워크 관계 중시
>
> ② 정보 체계 : 학습 조직의 정보체계는 조직 학습의 하부 구조를 제공
>
> ③ 인사관리 : 장기적인 수행과 지식 개발을 할 수 있는 방향으로 설계 및 새로운 기술, 지식의 습득과 공유를 강조
>
> ④ 조직문화 : 구성원의 개방, 창조, 실험 강조
>
> ⑤ 리더십 : 학습조직의 리더는 학습에 필요한 개방성, 위험감수, 반성을 적극적으로 실천. 학습 조직의 비전에 대하여 역설. 공감, 지원, 개인적 지지 제공

3.

역사 속으로 사라진 기업들

우리의 기억 속에서 있으나 지금은 사라진 기업들이 많이 있다.
다음은 역사 속에 사라진 국내 기업의 사례를 살펴보자.

- 삼호물산

  원양어업과 수산물가공업으로 업계를 주도하였으나 급격하게 사업을 다각화하면서 주력업종에는 투자를 소홀하게 하여 10년 넘게 법정관리를 받다가 부도

- 세진컴퓨터랜드

  컴퓨터 유통업계의 천하통일을 이루겠다며 대규모로 수익성에 대한 검토 없이 매출 확대를 위한 유통망 구축에만 열을 올리다가 한 순간에 무너져서 부도

- 한보그룹

  IMF 위기를 대표하는 사례로, 1995년 12개였던 계열사가 1996년에 21개로 1년 만에 8개로 늘어났으며, 주력업종이 무엇인지 모를 만큼 확장하다가 부도

- 동아그룹

  1980년대 중동건설 붐의 주역으로 해외건설에 주력하여 꾸준하게 성장하였으나 1979년에 준공한 성수대교가 1994년 붕괴사고를 내면서 이를 계기로 신뢰도가 떨어지기 시삭하여 1997년 유동성 위기로 그룹 해체

- 쌍용그룹

  1939년 비누공장을 시작으로 한때 재계 5위의 대기업이었으나 IMF 위기 때 무리한 문어발식 기업 확장으로 구조조정을 실시하여 쌍용양회를 제외하고 쌍용제지는 미국 P&G에, 쌍용자동차는 대우그룹에, 쌍용정유(현 S-OIL)는 아람코에, 쌍용중공업은 STX(STX도 2013년 파산)에 넘어갔다.

- 새한그룹

  삼성그룹 이건희 회장의 형 이창희에 의해 1973년 창업. 학생복, 비디오테이프, 오디오테이프를 만들었으나 회사의 체질개선보다는 조경사업, 운송사업, IT사업 등으로 무리한 확장을 하며 1997년 매각되어 청산

- **크라운제과**

  베이커리 전문점으로 크라운제과에서 출자하여 1988년 설립하여 1991년 업계 매출 1위를 달성하였다. 경쟁업체인 파리바게뜨와 뚜레쥬르와의 경쟁에서 서비스 변화부족으로 인해 지점 수가 줄어들다가 2013년 최종 철수

- **버디버디 주식회사**

  2000년 1월 설립되어 메시징, 이모티콘, 화상채팅 등 다양한 기능을 제공하여 많은 가입자를 확보하였으나 경쟁 메시저들과의 경쟁에서 살아남지 못하고 2012년 폐사하였다.

- **종로서적**

  종로구 종로2가에 위치했던 대형서점으로 서점 중에서 가장 역사가 길었으며 도서정가제를 처음으로 도입한 서점이기도 했다. 그러나 주변 대형 서점들과의 경쟁에서 밀리기 시작하고 인터넷 서점과의 경쟁에서 경영난으로 결국 2002년 부도

- **KT테크**

  휴대전화기 단말기를 2010년부터 저가형 스마트폰을 출시하면서 테이크 시리즈로 꾸준하게 성정하였고 랩톡독이라는 새로운 시도로 주목을 받기도 했다. 시장 내에 인지도가 낮은데도 불구하고 인지도를 높이는 전략보다는 제품 기술력만을 앞세우며 갤럭시와 옵티머스 시리즈와 유사한 스펙임에도 불구하고 판매고에 시달리다 2012년 모회사인 KT에서 자산과 부채를 인수하여 사업 철수

- **프리챌**

  현재 포털사이트에서 운영하는 커뮤니티 (지금의 카페) 서비스를 기반으로 많은 회원수를 모집했으나 선불리 유료화를 실시하여 다른 포털 사이트로 가입자가 대거 이탈하면서 부도

✎ 사라진 기업들의 공통점은 무엇인지 적어봅시다.

4.
기업혁신 사례 학습

지난 2018년 8월 미국 경제 전문지 〈포브스(Forbes)〉에서는 100대 혁신기업을 선정 발표하였는데, 국내기업으로는 네이버(9위), 셀트리온(14위), 아모레퍼시픽(18위), LG생활건강(27위)이 이름을 올렸다. 아모레퍼시픽의 경우 쿠션 화장품이라는 혁신 제품이 별도의 페이지에 소개되면서 세계에서 가장 혁신적인 한국의 기업이라고 전했다. 100위권 안에는 우리가 잘 아는 테슬라(4위), 아마존(5위), 넷플릭스(6위), 페이스북(10위), 어도비(13위), 스타벅스(3위), 코카콜라(53위) 등이 명단에 올랐다. 1위는 미국의 클라우드컴퓨팅 기업 ServiceNow, 2위는 미국의 글로벌클라우드기반 HR솔루션 Workday가 이름을 올렸다. 아래에 소개하는 혁신 기업들은 소비자를 먼저 생각하고 일하는 사람들을 생각하는 조직문화에서 혁신의 조직문화를 엿볼 수 있다.

- **포워드벤처스 (쿠팡)**

  쿠팡은 일본의 재일교포 사업가이자 세계적인 IT구루인 손정의 회장의 10억 달러(1조 1,000억 원) 투자를 받은 것으로 2015년 뉴스를 뜨겁게 달구었다. 쿠팡은 소셜커머스라는 개념이 들어오는 시기에 창업한 회사로, 업계에서 최초나 최고는 아니었던 기업이다. 쿠팡은 투자유치 당시 상황을 보면 '영업손실 1,215억 원, 당기순손실 1,194억 원, 결손금 1,207억 원, 부채비율 1346%'였다. 이 정도 상황에서 투자를 받는다는 것은 불가능하다고 볼 수 있다. 하지만 손정의 회장은 기존 상식으로 이해할 수 없는 투자 결정을 하였는데, 숫자를 본 것이 아니고 혁신하고자 하는 기업문화를 보고 투자를 결정한 것이다.

기존에 택배시장은 몇몇 대기업과 운송기업들이 시장을 나누어가지고 발전이나 경쟁이 없던 분야였는데, '로켓배송'이란 개념을 가지고 기존 택배회사의 여러 문제점들 중 하나인 고용불안이나 중간마진을 줄이고 직원을 정규직으로 채용하고 회사 차량으로 직접 물건을 운송하였다. 그러면서 누구도 생각하지 않던 방식으로 배송받은 고객들이 믿고 즐거워하는 문화를 만들어냈다. 게다가 가격 역시 기존에 유통업계의 중간마진 구조와 대형 유통업체들의 입점 후 수수료를 받는 방식의 유통 질서로 물건 가격이 일정가격 밑으로 내려가지 않았다. 미국처럼 유통사가 제조사로부터 물건을 직접 물량을 대량으로 공급받아 자사 운송 네트워크를 이용하여 소비자들에게 오프라인 매장보다 저렴한데다 배송까지 공짜로 받을 수 있는 전자상거래의 질서를 새로 정리한 것이다. 바로 이러한 혁신의 성과가 고객 관점에서의 가격, 친절, 편리성에 대한 새로운 접근을 만들어내면서 업계의 반발에도 불구하고 큰 환영을 받으며 시장에 안착한 사례라고 할 수 있다.

- **나이키**

나이키는 스포츠 브랜드로 잘 알려져 있으며 운동화나 운동기어, 의류 등을 판매한다. 정보화사회로 넘어오기 전 나이키는 스포츠 브랜드로서의 인지도만으로도 어느 정도 매출이 보장되는 글로벌 기업이었지만, 2000년대 초 정체에 빠져들면서 조직의 위기를 경험하게 된다. 이때부터 시작된 혁신주도형 성장전략은 구글, 애플, 페이북을 제치고 2013년 1위 혁신기업으로 이름을 올린 대표 기업이 되었다. 제조 및 유통판매에서 머물지 않고 자사제품과 IT를 접목한 기술들을 선보이며 애플의 iPOD과 연동되는 신발을 만들어내고 퓨얼밴드를 통해 활동량을 보여주었다. 또 제조 공정에서도 '플라이니트 레이서'를 통해 제조 방식을 변경하여 신발의 무게를 줄임으로써 2008년 186억 달러였던 매출이 2013년에는 253억 달러로 상승하였다. 나이키는 IT를 접목시키는 신선한 시도를 시작으로 운동을 보조하거나 사람들의 활동량을 체크하는 다양한 제품들을 출시하고 있다.

- **한국바스프 (BASF)**

바스프는 독일계 글로벌 화학기업으로, 한국에는 1954년 진출하였고 국내에서 8개의 공장과 R&D센터를 운영하고 있다. 2018년 매출액은 2조 2천억 원이며 임직원수가 1,010명(전 세계 기준 12만 2천명)인 외국계 기업이다. B2C(business to consumer, 기업과 소비자 간의 거래) 회사가 아니기 때문에 대중에게는 많이 알려지지 않았지만, 우리가 즐겨먹는 닭이나 돼지와 같은 동물사료의 개발을 통해 사육기간을 대폭 줄인 제품으로 양질의 음식을 제공하여 삶의 질을 향상시키는 데 기여하고 있는 회사이다. 제품의 혁신과 함께 조직문화와 인력개발 혁신 부분에서 높은 평가를 받는 기업으로, 한국바스프는 정해진 출퇴근 시간이나 정해진 하루 의무 근무시간 없이 임직원 스스로 각자의 업무 특성에 맞게 근무시간을 탄력적으로 운영하는 '자율근무제(Trusted Working Time)'를 운영하고 있다. 조직 혁신성에 있어 모범이 되는 기업이다.

- 동부화재 미국

동부화재는 국내 주류 보험회사로 알려진 대기업이다. 동부화재는 미국 시장에 진출하기 위해서 소비자와 시장을 끊임없이 관찰하고 개선점을 찾아가며 오랜 기간 동안 준비하여 미국 캘리포니아에 지점을 두고 미국 사업자들을 대상으로 상품을 판매하는 첫 국내 보험사가 되었다. 한국의 금융산업이 해외진출이 상당히 미진하다는 점에서 그 혁신의 과정에 관심을 가질 필요가 있다.

동부화재는 1984년 미국령인 괌(GUAM)에 지점을 설립하여 미국에 처음 진출하였고 2004년 하와이에 지점을 개설하여 제도와 문화가 다른 미주 보험시장에서 충분한 경험을 쌓은 뒤 25년 만인 2009년에 미국 캘리포니아주 애너하임에 지점을 설립하였다. 보험 신용평가 기관 AM베스트로부터 A등급을 받아 재무력을 인정받았고 문화와 법 체계가 한국과 다르기 때문에 오랜 기간 준비해서 보험상품을 개발하여 사업자보험(Business Owners Policy, BOP) 상품을 판매하기 시작하였다.

미국의 주요 보험회사들과 상품에 가입한 사업자를 면밀히 관찰한 결과 미국은 업종에 상관없이 가입해야 하는 특약이 많고 미국 특유의 느긋한 일처리로 인하여 보험의 처리과정을 설명 듣는 데만 1개월이 걸린다는 점에 착안해 상품을 개발했다. 또한 동부화재는 한국서비스처럼 2시간 이내에 콜백(call back)을 해주는 시스템으로 가입자에게 신속하게 처리 경과를 설명해주고 경찰 소방국의 조사를 받는 것을 고려하여 정확한 보상금액을 빠르게 전달하는 것을 경쟁력으로 미국 보험 시장에 자리를 잡았다.

- 우아한형제들 (배달의 민족)

배달의 민족 앱은 기존에 누구나 알고 있던 114서비스를 모바일로 구현해보자라는 취지로 시작한 벤처기업이다. 회사 이름은 김봉진 대표가 친형인 김광수 최고기술책임자와 함께 만든 회사에서 온 것이다. 이 앱을 만들기 전 창업자들은 이모션, 네오위즈에서 일했으며 창업에 도전했으나 실패 후 디자인 실력을 인정받으며 다시 네이버에 입사하여 재창업을 준비하였다. 2010년에는 단순하게 114서비스를 개발하겠다는 목표로 시작했지만 시장성이 없어 포기하고 그 때부터 '전화로 이루어지는 경제활동'에 대해 연구를 했다. 그 결과 '배달'이라는 키워드로 결론내리고 동네에서 쉽게 구할 수 있는 배달음식 전단지와 상가수첩 등을 통해 '배달의 민족' 앱을 만든 것이다.

기존에 전단지 등으로 시장이 고착되어 있는 상황에서 인쇄매체 기반의 산업을 모바일로 가져오는 것은 쉽지 않았다고 한다. 2011년 6월까지 9명이 근무하는 회사에서 매출이 100만원이었다고 한다. 이때부터 다시 업주들을 설득하기 위한 위치기반으로 콜맨트라는 서비스를 통해 업주들이 배달의 민족을 통해 주문이 들어온다는 것을 알리기 시작하면서 매출이 300% 이상 상승한 업주들이 나오기 시작했다. 이를 계기로 시장점유율을 끌어오기 시작하여 2014년 60%의 시장점유율을 기록하였다. 특히 차별화된 광고를 통해 앱 누적 다운로드가 4,000만 건, 월간 주문량 2,800만 건, 등록업소 24만개에 달한다.(2018년 12월 기준)

혁신에 대한 기업조직 문화도 관심을 많이 받는 부분인데, 배달의 민족은 직원 만족도가 가장 높은 회사로 알려져 있다. 급여가 많고 복지 혜택이 많은 회사가 아닌, 회사에서 무엇인가를 이루고 함께 성장하는 것이 직원의 만족도라는 생각으로 독특한 제도를 운영하는 것으로 유명하다. 직원도서 구입비의 무제한 지원이라든가, 고객 불만은 직원 재량으로 처리하며, 한 달에 한 번 미용실 비용을 지원하고, 월요일에는 오후에 출근하는 제도도 운영한다. 다른 기업들은 직원들을 인센티브라는 제도 아래 경쟁을 시키도록 유도하는 데 비해 이 기업에서는 인센티브를 없애고 직원들끼리의 협동과 팀워크를 장기적 관점에서 더 높게 보고, 이윤창출이 기업목표가 아니라 고객창출이 목표가 되어야 하며 고객 창출은 회사의 구성원들이 하는 것이라는 기업문화를 정착시켜 나가고 있다.

관점더하기+

변화를 역설한 역사 속의 인물

역사 속에 이름을 남긴 인물들은 기본적으로 자기 변화, 자기 혁신의 화신들이다. 그래서 그들이 남긴 어록은 단순한 '말'이 아니라 자기 삶 전체를 통해 보여준 경험의 결정체로 언제 어느 때나 빛을 발하는 '보석'과 같다.

생물학자 찰스 다윈

"마지막으로 살아남는 종(種)은 강인한 종도 아니고, 지적 능력이 뛰어난 종도 아니다. 변화에 가장 잘 적응하는 종이 결국 마지막까지 살아남는다."

철학자 프리드리히 니체

"오늘의 나를 완전히 죽여야 내일의 내가 태어나는 것이다. 새로운 나로 변신하려면 기존의 나를 완전히 버려야 한다. 너는 네 자신을 불길로 너 스스로를 태워버릴 각오를 해야 하리라. 먼저 재가 되지 않고서 어떻게 거듭나길 바랄 수 있겠는가?"

과학자 알버트 아인슈타인

"똑같은 방법을 반복하면서 다른 결과가 나오기를 기대하는 사람은 정신병자다."

시인 새뮤얼 존슨

"새로운 자기를 만들지 않은 날들은 모두 잃어버린 것으로 간주하라"

정신분석학자 데오도르 루빈

"꿈을 갖고 배우며 변화를 도모하기에 너무 늦은 때란 없다."

변화와 혁신에 성공한 기업과 개인의 사례를 찾아봅시다.

CHAPTER 11.

창의력을 완성하는 디자인 사고 입문

들어가기

오늘날 직장에서 중간관리자 이상으로 근무 중인 직장인이라면, 어떤 제품을 사용하기에 앞서 상당한 시간동안 조잡하게 인쇄된 매뉴얼을 보며 제품 사용법을 익히고 실제 사용하기까지 복잡한 과정을 겪었던 경험이 있을 것이다. 하지만 지금은 사용자관점(User-centered)을 우선시하는 제품 출시로 인해, 사용방법이 매우 직관적으로 바뀌고 처음 사용하게 되는 어떠한 제품도 거의 매뉴얼을 읽지 않은 채 한 두 번의 조작으로 곧바로 사용이 가능하다. 사용자관점은 사람들에게 무엇이 가치 있고, 그들이 무엇을 원하는지 파악하는 것이 시장에서의 생존과 산업 선도가 가능함을 보여준다. 바로 디자인 사고(Design thinking)는 사용자관점에서 제품을 만드는 변화의 시작을 보여준다. 불과 10년 정도 밖에 되지 않은 디자인 사고는 생각하는 관점을 바꾸면서 우리의 일상을 변화시키고 있다. 이번 장에서는 창의적 사고에 필요한 디자인 사고에 대해 살펴보자.

1.
왜 디자인 사고인가?

✍ **다음의 예제를 읽어보고 자신의 생각을 작성해봅시다.**

대형마트에서 계산대 앞에 줄이 빨리 움직이게 하면서도 막판구매를 극대화해 주는 효율적인 계산 시스템을 만들려면 어떻게 하면 좋겠는가?

우선 이 예제에 정답은 없다. 각자가 생각하는 것이 다르고 조건을 어떻게 설정하는가에 따라 답이 달라질 수 있기 때문이다. 관점을 달리하면 모든 것이 정답이 될 수 있다는 의미다. 만약 경영환경이나 정부이 법률적 제한 등을 더해서 생각해야 한다면 답을 찾는 시간도 오래 걸리게 될 것이다. 다만 공통적으로 들어가야 하는 과정에 대한 답이 있다면, 계산대 앞에 줄을 서 있는 쇼핑객들의 습관을 지속적으로 관찰하고 연구해야 하는 것이다.

디자인 사고의 관점에서 추가적으로 생각해본다면, 고객이라고 정의한 사용자관점에서 모든 문제를 생각해보고 다양한 아이디어를 제시하면서 사고의 영역을 넓혀가고 스스로 도달할 수 없는 범위의 생각까지 아이디어를 끌고 갈 수 있도록 하는 것이 도전과제에 대한 문제해결 과정이다. 디자인 사고는 소비자들이 가치 있게 평가하고 시장의 기회를 이용하며 기술적으로 가능한 비즈니스 전략에 대한 요구를 충족시키기 위해 디자이너의 작업방식과 감수성을 프로세스에 도입하는 사고방식이다.

디자인 사고 분야의 선도업체인 글로벌 컨설팅기업 IDEO는 이러한 문제해결을 위한 사고과정에 관심을 가지게 되었다. 디자인 사고의 경험과 프로젝트 경력이 있는 사람들을 영입하는데 적극적으로 나서면서 대학의 교육과정에서도 도입되었다. 국내에서는 이제 막 도입되어 일부 사용되고 있다. 디자인적 사고를 통해 경영학적 문제해결 사례를 연구하는 경우가 많아졌으며, 가상소프트웨어 회사인 시트릭스(CITRIX)의 경우 수천 명의 직원들을 대상으로 한 디자인 사고의 개념을 소개하는 교육 프로그램을 운영하고 있다. 그래서 창의산업의 인재로서 세상에 긍정적인 영향을 주는 새로운 솔루션을 도출하기 위한 체계적인 문제해결 과정인 디자인 사고에 대해 알아보고 관심을 가질 필요가 있다.

2.
디자인 사고란?

디자인 사고의 특징은 제품설계와 디자인을 넘어 브랜딩전략, 서비스산업, 교육산업 등에 이르는 광범위한 산업분야에 모두 적용 가능하며 그 한계는 실제적으로 없다는 점이다. LG경제연구원 한수연 연구위원은 '실패를 장려하는 디자인 사고(한국경제신문, 2015년 11월 6일)'라는 칼럼을 통해 "디자인 사고란 디자이너 특유의 사고 흐름이나 문제 해결 방식을 빗대어 디자이너들 사이에서 먼저 통용되기 시작했다"고 전했다. 현재는 여러 가지 제약 조건을 내포하고 있는 문제 자체에 집중하기보다는, 최종 고객이 경험하게 될 해결책 중심으로 창의적인 대안을 세워 나가는 혁신 프로세스를 가리키는 개념으로 진화했다. 고객 가치와 창의를 중시하는 최근의 경영 환경과 디자인 사고는 매우 높은 적합성을 보인다. 기존의 문제해결 방식이 기술의 변화 속도를 따라가지 못하고 고객들의 기본가치 충족 후 기업들이 어떠한 새로운 가치 요소를 제공해야 할지 몰라 고민에 빠지게 된 데다 융복합 시대로 발전하면서 기술과 산업의 경계가 모호해지는 변화로 더욱 중요성이 강조되고 있다고 전한다.

디자인 사고를 제대로 사용할 경우, 가장 강력한 힘을 발휘하는 비즈니스의 도구가 될 수 있다. 문제를 정의하고 다양한 선택사항을 고려하며 계속적으로 반복되는 아이디어의 분산을 통해 사고의 영역을 확대해가며, 가장 뛰어난 아이디어를 골라 실행에 옮기는 요소들로 구성되어 있기 때문이다. 각자의 아이디어들을 세분화하여 분석하는 비판적 사고(critical thinking)와 달리, 디자인 사고는 아이디어들을 계속해서 쌓아나가는 창의적 사고과정이다. 또한 가능한 한 많은 결과물을 산출해 내어 새로운 아이디어를 수용하면서도 객관적인 관점을 가지고 사고의 벽을 깨기 위한 기준을 통해 반복적인 수행으로 최적의 방안을 찾아내는 방법론적 사고이기도 하다.

제품개발을 위해 제한적으로 사용되었던 디자인 사고가 이제는 무한경쟁 시대에 돌입한 기업들의 생존을 위한 전략과 혁신 그리고 조직문화에 이르기까지 여러 부문에서 적용되고 있다. 일을 하는 방식에서부터 사고의 방식까지 효율만을 강조하던 산업사회의 모습에서 벗어나 혁신을 추구하는 사람들이 일하는 조직으로 만들어지고 있는 것이다.

3. 디자인 사고는 어디에 사용하는가

✎ 내가 생각하는 디자인 사고의 정의를 적어봅시다.

위키피디아(Wikipedea)에서 디자인 사고에 대해 검색해보면, "불명확한 문제를 조사하고 정보를 검색하며 지식을 분석하여 설계 및 계획 분야에서 솔루션을 선정하는 방법 및 과정"이라고 정의하고 있다. 실제로 디자인 분야에 국한하여 제한적으로 사용하는 것이 아니라, 모든 영역에서 사용이 가능하며 그 범례의 한계가 없다고 보는 것이 정확하다. 중등학교에서는 교사들을 중심으로 학교의 교육과정이나 환경에 대한 다양한 대안을 찾기 위해 디자인 사고를 적용한 회의와 문제해결을 시도하고 있는 모습도 볼 수 있다. 대학에서는 디자인과 관련된 학과 외에도 창업교육이나 진로교육에서 자주 사용되며, 일부 대학에서는 교양 또는 전공과목으로 개설하여 1학기 동안 학생들이 비즈니스 모델을 만든 것을 목표로 디자인 사고를 바탕으로 한 문제해결을 통해 시제품을 만들어내는 캡스톤 디자인(capstone design) 과정을 진행하기도 한다. 기업에서도 소비자를 중심으로 한 제품 개발을 목표로 개선과 혁신을 이룰 수 있도록 노력하고 있으며, 이러한 디자인 사고를 바탕으로 컨설팅 업무를 제공하는 경우도 볼 수 있다. 그만큼 디자인 사고의 적용범위가 광범위하다는 것을 알 수 있다.

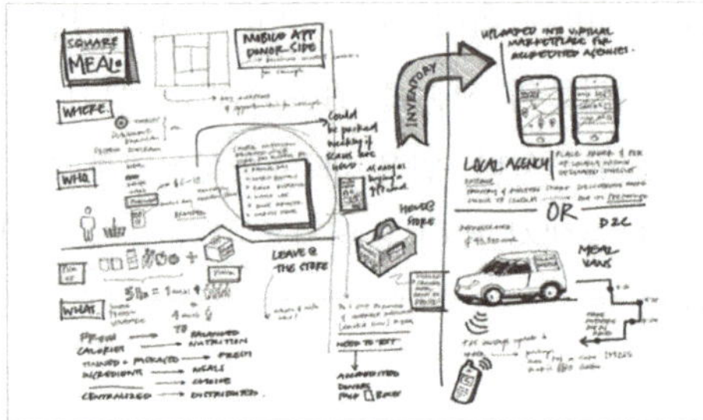

〈디자인 사고를 만든 IDEO사의 실제 디자인 사고 과정〉

사진 : www.ideo.org

아이데오(IDEO)는 디자인 사고를 만들어 디자이너가 어떤 문제에 대해 광범위하고 다양한 대안을 찾는 사고와 선택한 대안을 현실에 맞게 다듬는 방식을 반복사용하고, 문제에 관해 분석적으로 사고할 뿐만 아니라 직관적 사고 등 통합적인 사고방식을 갖는다는 점을 주목하였다. 그래서 디자인 사고 과정을 경영에 접목함으로써, 어떤 종류의 문제이든 접근이 가능하다고 밝히고 있다.

디자인 사고 과정은 전체적으로 볼 때 다섯 단계인 공감, 정의, 아이디어화, 시제품, 테스트를 거치게 된다.

첫 단계인 공감은 기업이 목표로 하는 사람들을 유심히 관찰하고 인터뷰하면서 통찰을 얻는 과정에 해당한다. 제품의 디자인, 경영차원, 혁신, 서비스든 상관없이 공감의 형성이 중요하며, 인간 행동을 관찰하여 어디에 문제가 있는지를 찾기 시작하는 것이다. 표현된 문제나 욕구가 아니라, 표현되지는 않았지만 문제의 본질에 해당하는 무언가를 행동 속에서 찾아내려는 것이다. 이것이 디자인 사고의 첫 단계에 해당한다.

두 번째 단계인 정의에서는, 수집이 된 문제들 가운데 과연 무엇이 문제인가에 대한 정의를 내리게 된다. 여기서 중요한 것은 소비자와, 관점과 제품과 서비스를 만들어내는 사람들의 관점을 동일시하는 것으로 사용자가 제기한 문제점을 이해하는 것, 생산자가 무엇을 제공해야 하는지 이해하는 과정에 해당한다.

다음 단계는 아이디어화로, 정의를 내린 문제를 해결할 수 있는 수많은 아이디어들을 수집하게 된다. 이는 해결방법을 만들어내는 과정으로, 수많은 아이디어 중 최선, 최적의 아이디어를 선택하게 된다.

네 번째 단계인 시제품에서는 선택한 아이디어를 토대로 해결책에 대한 프로토타입(prototype, 원형)을 만들게 된다.

마지막 단계인 테스트에서는 프로토타입을 토대로 실험과정을 거치게 되는데 사용 후 피드백 결과가 부정적이라면 언제든지 다시 검토하여 원하는 결과가 도출될 때까지 정의 단계와 아이디어 단계를 오가며 사용과 체험을 반복하게 되는 것이다.

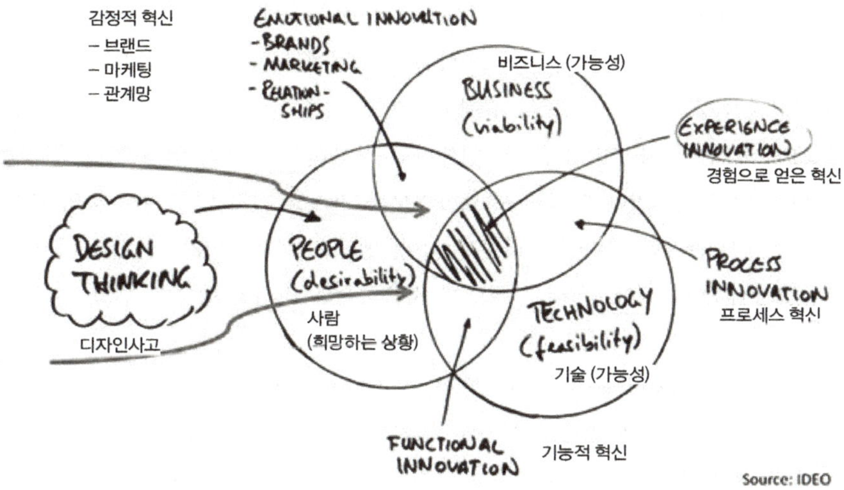

Source: IDEO

> **관점더하기+**
>
> **아이데오(IDEO)社**
>
> 1999년 7월 13일 미국 ABC방송의 나이트라인 심층 분석을 보고 전 세계가 열광했다. 독보적인 창조성을 보여주는 기업이란 어떤 것인지를 디자인 사고의 과정을 직접 눈으로 확인했기 때문이다. 그 주인공은 바로 아이데오이다. 방송 이후 아이데오에 대해 전 세계에서 들어오는 문의 때문에 업무가 마비되었다고 한다. 그 후로 13년이 지난 지금도 아이데오는 세계에서 가장 창조적인 기업으로 살아남아 있다.

4. 디자인 프로세스

〈IDEO社의 디자인 사고를 적용한 사례〉

미국의 대표은행인 뱅크오브아메리카(Bank of America, BOA)에서는 아이데오에 의뢰하여 'Keep the Change (잔돈은 가지세요)'라는 상품을 출시하고 1,200만 명의 가입자를 모았던 사례가 있다. 뱅크오브아메리카의 비자체크카드로 지불하는 물건 값의 거스름돈을 받지 않고 그 차액을 저축 계좌에 바로 입금해주는 것이 핵심 내용이다. 실제적으로 보이거나 만질 수 없는 금융상품의 특징에도 불구하고 '금융'이란 분야에 디자인 사고를 적용하여 프로젝트를 진행하였다.

프로젝트의 초점은 금융 서비스를 잘 이해하고 사용하는 고객이 아니라, 금융상품에 대해 정확히 알지 못하거나 다양한 포트폴리오를 가지고 있지 않은 주부들의 행동을 다양한 관점에서 관찰한 결과에서 나온 것이다. 뱅크오브아메리카는 물건을 사고 남은 거스름돈을 저금통에 모아두었다가 은행에 저축하는 일반적인 행동을 쉽고 편하게 할 수 있도록 서비스화한 것이다.

미국에서는 한국에서처럼 물건 값에 세금이 포함되어 소비자에게 가격을 제시하지 않고 물건 값과 함께 세금을 별도로 합산하여 최종 금액을 지불하게 되어 있는 데다 지역마다 다른 세금 부과율을 가지고 있어 복잡한 합계가 필요하다. 예를 들어 $3.99 물건을 구입하고 10%의 세금을 내야 한다면 최종적으로 지불해야 하는 금액은 $4.38가 된다. 5불짜리 지폐를 냈다면 거스름돈으로 62센트를 돌려받게 되는 것이다.

미국에서는 체크카드가 거의 대부분의 지불수단으로 사용되는데 통장에 잔고만큼 사용금액이 차감되어 지는 방식이다. 여기에서 은행에 가야 하는 불편함을 없애고, 저축을 할 수 있는 기회까지 넓히는 아이디어의 적용을 통해 $4.38을 체크카드로 결제하면 통장에서는 $5이 결제되고 나머지 62센트는 저축계좌로 자동 입금되어 소액을 저축하게 하는 상품이다. 미국은 체크계좌와 세이빙계좌가 나누어져 있어 초기 통장 개설시 2개의 계좌를 개설하게 되는데, 대부분 세이빙계좌에 넣으러 가는 것을 귀찮아하는 행동에서 창의 아이디어가 출발한 것이다. 광고에서도 매일 커피를 1잔씩 마시고 잔돈으로 57센트를 저금하게 되면 한 달에 $17이 된다는 광고마케팅으로 연결하여 대단한 성공을 거둔 프로젝트였다.

위의 사례에서처럼 디자인 사고의 적용범위에는 제한이 없다. 전혀 새로운 것으로 보이지만 사실은 누구나 알고 있으며 기존에 있던 것들에 대한 재해석과 조합을 통해서 상품을 만들어낸 사례이다. 소비자를 초점으로 하여 분석하고 아이디어를 나누고 다시 분석하고 결과를 해석하고 다시 분석하는 반복되는 과정에서 나온 아이디어가 발전된 것이다. 이 과정을 자세히 살펴보면 새롭게 무엇인가를 만든 것이 없이 전부 기존 서비스에서 가지고 있던 것들과 소비자에 대한 해석을 통해서 조합된 결과라는 점에 주목할 필요가 있다.

현재 국내에 소개된 디자인 사고의 과정은 크게 두 가지로 나누어 볼 수 있다. 하나는 스탠포드 대학 d.school에서 제안하는 프로세스 과정과 아이데오사에서 제안하는 교육자를 위한 디자인 사고 프로세스 과정이다. 두 프로세스는 거의 유사하다.

(1) d.school의 디자인 사고 프로세스

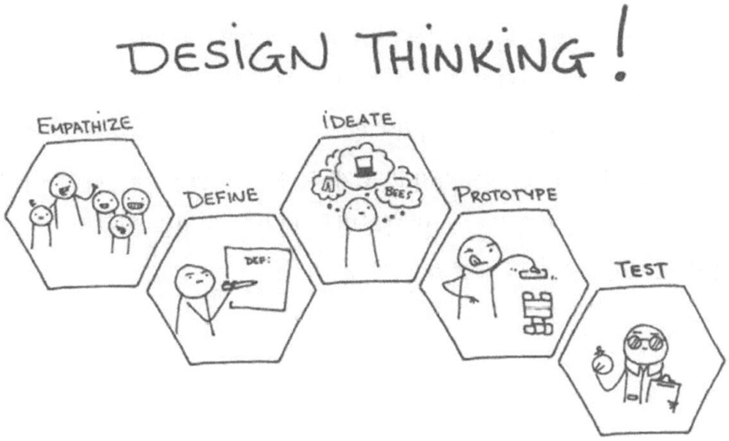

출처 : https://www.mojohelpdesk.com/blog/2015/12/design-thinking-rethink-the-possibilities/

1단계는 공감하기(Empathize), 2단계는 정의하기(Define), 3단계는 아이디어 도출하기(Ideate), 4단계는 프로토타입 시제품 만들어보기(Prototype), 5단계는 테스트하기(Test)의 프로세스로 구성되고 진행된다. 이 과정에 대해서 디자인 사고 과정을 운영하는 것으로 가장 유명한 스탠포드 대학교 d.school의 Guido Kovalskys는 학교의 화이트보드 게시판을 이용하여 자신이 디자인 사고 과정에 대해 어떤 과정을 거쳐서 사용하는지 정리했다. 이것을 보고 실제 단계별로 어떠한 창의적 사고를 요구하는지 알아보도록 하사.

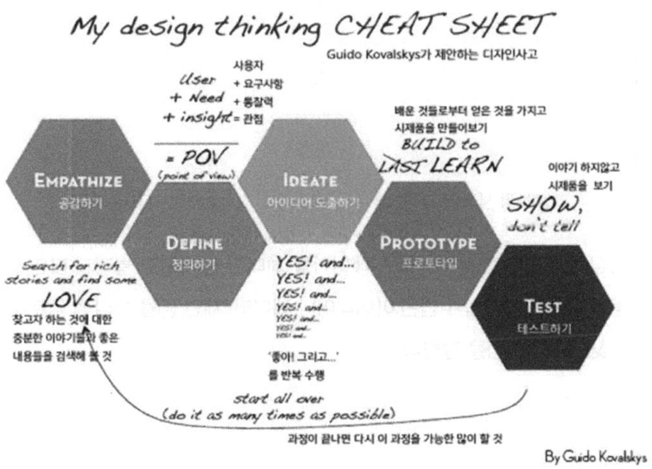

1) https://dschool.stanford.edu/fellowships/2013/10/23/a-design-thinkers-cheat-sheet

그가 제안하는 디자인 사고의 과정 중 공감하기 단계에서 찾고자 하는 것에 대해 충분하게 검색해보고 이와 관련된 많은 긍정적인 이야기들을 찾아보고 이것에 대해 공감을 하는 과정을 거치도록 한다. 그 다음 단계인 정의하기에서 사용자의 관점에서 문제를 바라보는 것을 통해 고객들의 요구사항을 파악하고 사용자들이 무엇을 원하는지에 대해서 통찰력을 가지고 무엇이 필요한지를 정의하는 과정을 거친다. 그 다음 필요로 하는 것에 대해서 아이디어를 발산적 사고를 통하여 최대한 도출해 내고 수렴적 사고 과정을 통해서 '그래서 그 다음은 무엇이지?'라는 의문을 통해 반복적으로 아이디어를 검토한다. 여기에서 확정된 것들을 가지고 시제품 또는 모델을 개발하여 이를 보면서 다시 처음부터 이 과정을 지속적으로 반복하면서 디자인 사고를 거듭하면서 최종적인 결론을 도출하는 것이라고 그는 설명하고 있다.

관점더하기+

발산적 사고와 수렴적 사고

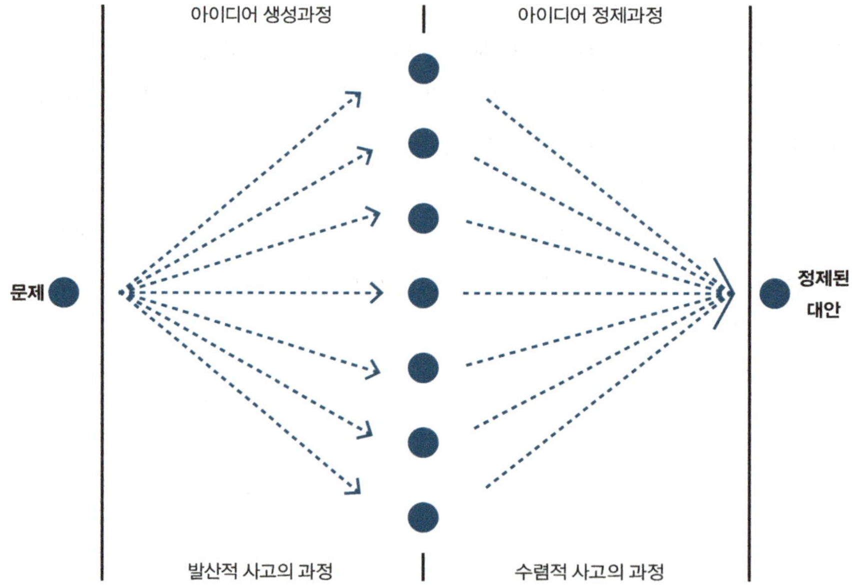

발산적 사고 과정은 아이디어, 생각, 의견, 데이터를 최대한 양적으로 늘려서 다양하게 만들어내는 과정이고, 수렴적 사고는 이렇게 수집된 아이디어나 데이터, 제안 등을 하나씩 검토하고 최종적으로 정제된 대안을 찾아내는 과정을 말한다.

(2) IDEO의 교육자를 위한 디자인 사고 프로세스

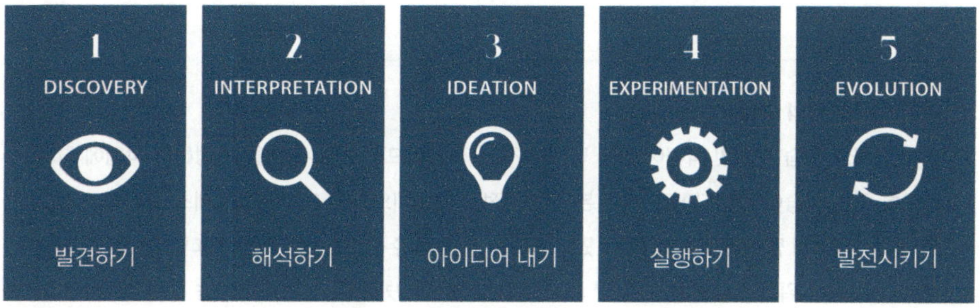

출처 : http://www.cafeducacion.com/2014/03/29/design-thinking-a-la-sala-de-clases

아이데오사에도 d.school과 비슷한 단계를 거치는데, 발견하기-해석하기-아이디어내기-실행하기-발전시키기의 5단계로 나누어지며 실제 진행방식은 거의 유사하다.

1단계인 발견하기 단계에서는 풀어내고자 하는 문제 또는 과제에 대한 이해를 바탕으로 새로운 기회를 찾고 아이디어를 창조하기 위해 영감을 받고 모은다. 여기에서 중요한 것은 괜찮고 유용한 데이터를 많이 찾아내는 것이다.

2단계인 해석하기 단계에서는 발견하기 단계에서 검색하고 학습하며 발견한 것들을 의미 있는 통찰력(insight)로 변환시키는 과정을 수행하여, 문제나 과제에 대한 이해를 팀원들과 공유하며 영감을 받고 팀이 해야 할 일들에 대해서 의견을 나누고 가능한 기회로 바꿀 수 있다.

3단계인 아이디어 내기 단계에서는 가능성을 찾으며 브레인스토밍(brainstorming)을 통해 최대한 많은 아이디어를 생성한다. 이때 발산적 사고를 통해서 얻어진 내용을 수렴직 사고를 통해서 하나씩 검증해 나가며 아이디어 채택을 위해서 팀의 이견을 좁혀 나가는 과정을 거쳐야 한다.

4단계인 실험하기에서는 아이디어들을 현실화하는 작업으로 아이디어에 대한 초기 형태의 프로토타입이나 비즈니스 모델을 만들어 피드백을 얻어서 종합하고 필요한 사항을 확인한다.

5단계인 발전시키기 단계에서는 아이디어의 실체를 만드는 단계로 프로토타입이나 비즈니스모델을 확정하고 있다.

아이데오에서는 이 과정에서 포스트잇으로 많은 의견을 보드에 붙이고 평가하는 것을 반복한다. 실제로 이루어지는 과정을 동영상으로 보고 싶다면 http://youtu.be/KBRo_DsNtn8 또는 QR코드로 접속하여 확인하기 바란다.

5.
디자인 사고 실습 I

디자인 사고 팀의 구성

디자인 사고 실습은 개인 작업이 아닌 팀 프로젝트 작업이므로 반드시 팀을 구성하여 작업에 참여하도록 하여 실습이 진행되어야 한다. 본 실습과정은 아이데오사의 디자인프로세스 과정을 기반으로 대학수업에서 팀 프로젝트를 할 수 있도록 일부 내용이 수정 또는 변경되어 있다. 디자인 사고 프로세스 과정의 워크북 내용은 '디자인 사고 워크북'을 인터넷을 통해 PDF파일을 다운로드하여 참고할 수 있다.

현재 주어진 문제 또는 해결해야 하는 목표를 먼저 확인하고, 디자인 사고 과정을 통해 문제를 해결해 봅시다.

도전과제

(1) 발견하기

① 팀의 구성

구성	이름	인적사항 / 팀내 역할
팀장		
팀원1		
팀원2		
팀원3		
팀원4		
팀원5		
팀원6		
팀원7		
팀원8		
팀원9		

② 도전과제 점검하기

✎ 팀원들과 도전과제에 대해서 토론하고 주요 생각, 제한점, 그리고 장애요인을 찾아봅시다.

✎ 팀원들과 토론 후 도전에 대한 생각들을 하나로 모아 작성해 봅시다.

✎ 기존에 알고 있던 정보와 더 알아야 할 정보를 기록해 봅시다.

기존에 알고 있던 정보

더 알아야 할 정보

✍ **비즈니스 모델을 파악해봅시다(현재 비즈니스 상황).**

도전과제에 대해 의견을 나눈 것을 종합하여 현재의 비즈니스 모델 그려보기

③ 조사준비 및 조사

✍ **팀장을 주축으로 팀원들이 논의해 과제 또는 문제해결을 위한 정보, 아이디어, 생각, 실제 사용자의 의견, 인터넷을 통한 조사, 비즈니스 모델 등 다양한 조사영역을 설정하여 어떠한 조사를 해야 할지 적어봅시다.**

조사 목록 카테고리	담당 팀원	각 그룹이 해야 할 일

✎ **분임토의를 통해 조사 목록을 담당하게 된 영역에 대해, 조사항목과 기록해야 할 사항을 의문형 문장으로 하나씩 작성해 봅시다.**

✎ **영감 얻기**

위 분임토의에서 같이 만들었던 질문들을 통해서 어떠한 것을 더 알아내고 무엇을 더 관찰해야 하는가에 대해 개인적인 생각을 적어봅시다.

✎ 준비물 체크리스트

포스트잇

(2) 해석하기

해석하기 과정에서 토의를 진행하면서 팀장은 팀원들에게 지속적으로 포스트잇에 의견이나 생각 등을 적어서 붙이도록 독려하여 전체적인 보드(board)를 구성하도록 한다.

✎ 관찰 및 조사 정보 요약 정리하기

가장 기억에 남는 것 순으로 정리

✎ 조사결과 해석을 위한 그룹 토의

내 조사 자료에 대한 다른 팀원들의 의견

다른 팀원이 조사한 것에 대한 나의 의견

✎ 다양한 조사내용 중에서 핵심 주제 찾기

보드에 붙어 있는 포스트잇을 보면서 토의를 통해 '~해야 한다' '~하기를 바란다' '~라고 느낀다' '~못한다' 등의 동사를 사용하여 제목을 작성해봅시다.

헤드라인

결과 이해하기

각 팀원들이 붙인 의견을 보고 각 주제들을 자세히 살펴 겹치는 부분이 있는지, 혹은 서로 연관되는 패턴이나 밀접도가 있는지를 찾아보고 기록해봅시다.

기대치 않았는데 배우거나 알게 된 부분	내가 더 탐구하고 싶은 부분

✎ 통찰 정의하기

통찰은 팀 활동을 통해 조사나 영감으로 부터 배운 것을 간결하게 표현하는 것이다.

통찰은 '아하'하는 순간이나 예상치 않은 배움에서 얻어지는 것으로, 특정 사용자나 사용자 그룹의 관점(POV : Point-of-View)이라는 형식으로 작성하는 것이 유용할 수 있다.

사용자 + 니즈 + 통찰력(흥미롭게 배운 점) = 관점(POV)

아래에 사용자(또는 문제를 해결해야 하는 사람)의 관점에서 조사된 내용들을 바탕으로 다시 작성해봅시다.

통찰/관점

통찰/관점

통찰/관점

통찰/관점

기회 포착하기

How might we ~, 우리가 어떻게 하면 ~ ?

실행할 수 있는 성공적인 아이디어는 대단한 통찰을 거쳐 중요한 기회를 확인할 수 있는 올바른 질문으로부터 시작되며, 그 질문은 '우리가 어떻게 하면 ~(HMW: How Might We)'이라고 생각하는 질문이 우리 팀이 해결해야 하는 과제나 문제해결 과정 일부에 집중할 수 있도록 도와줄 수 있다. 이에 대해 서로 의견을 교환하고 각 팀원들이 아이디어 내기를 위한 우선순위를 매겨 보도록 하자. 여기서 '우리가 어떻게 하면 ~ ?'에 대해서 질문을 만들 때 해당 질문을 놓고 새로운 아이디어가 떠오를 수 있도록 넓은지, 관리할 수 있을 정도로 좁은지, 사용자 주도의 통찰에 합당하게 내용이 집중되어 있는지를 고려하여 만들도록 한다.

✎ 해결과정에 대해서 도식으로 나타내자.

도식의 예

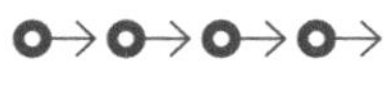

여정 지도

벤다이어그램

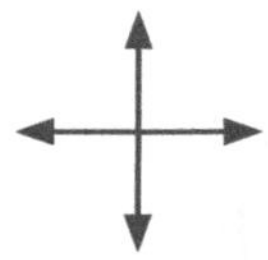

2×2

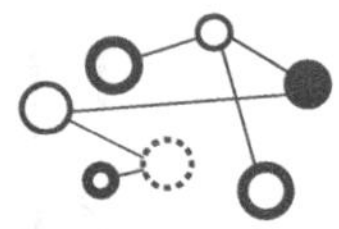

관계지도

활동과 정보의 흐름을 기반으로 다양하게 그려보자.

CHAPTER 12

디자인 사고에 응용하는 창의적 사고 기법

들어가기

디자인 사고를 통해서 창의적 문제해결을 하는 방법을 배우고 익히는 데 있어, 창의적 사고 기법은 좀 더 수월하게, 좀 더 좋은 아이디어로 결과를 만드는 데 기여할 수 있는 도구가 된다. 아무리 능력이 있어도 좋은 연장이 없다면 성과를 내기 어려운 것과 마찬가지 이치다. 팀 프로젝트를 수행하면서 팀 내의 지식리더로서 전체 과정에 참여하기 위한 다양한 창의적 사고기법을 학습하고 아이디어를 도출하는 과정에 대해서 알아보도록 하자.

1.
창의적 사고기법(creativie thinking tools)의 분류

창의적 사고를 분류하는 데 있어서 사실이나 아이디어를 생각해 내는 발산적 사고 기법과 사실이나 아이디어를 정리해 나가는 수렴적 사고 기법으로 나누어 볼 수 있다.

발산적 사고(분화적 또는 확산적 사고)	수렴적 사고(융합적 사고)
문제를 둘러싼 요소, 또는 문제에서 벗어난 요소를 생각함	문제를 통해, 또는 문제 속으로 파고들어 생각함
비연속성 / 단절	연속성
다른 구멍을 팔 것	한 구멍을 깊게 팔 것
즉흥적, 비공식적, 무작위적	체계적, 공식적, 집중적
제약을 제거할 것	제약 안에서 일할 것
잠재의식적 프로세스	의식적 프로세스

자료출처 : 김사승 (역) (2014). 경영과 창의성. Management and creativity from creative industries to creative management. 서울 : 커뮤니케이션북스(주)

(1) 발산적 사고 기법

① **자유연상법** : 아리스토텔레스의 '연상의 법칙', 연상하기 쉬운 것에 대해서 반대, 접근, 유사의 세 가지로 나누어 자유로운 연상을 통해 어떤 관념이나 다른 관념 등을 순서대로 생각해내는 방법이다. 예를 들어 '흰색의 반대는 검은색'과 같은 방식으로 연상을 해내는 것으로, 어떤 주제에 대해 생각해 낼 수 있는 모든 것이 자유연상에 포함될 수 있다. 대표적으로 브레인스토밍, 브레인라이팅, OCL(객체제약언어) 언어기법 등이 여기에 해당한다.

② **강제연상법** : 문제를 해결해야 할 주제에 대해서 '반대되는 것은 무엇일까?'라고 생각하면서 특정방향으로 대답하는 제한 연상 방법이다. 주제에 대해서 한 방향으로 생각하게끔 유도하는 방법으로 연상의 범위를 강제적으로 제한함으로써 한 부분으로

사고를 집중하게 하며 구체적으로 발상할 수 있는 특징을 가지고 있다. 스캠퍼기법(SCAMPER)이나 육색사고모자(Six thinking hats) 등이 여기에 해당된다.

③ **유추발상법** : 강제연상법의 방법을 보다 철저하게 하는 것으로 강제연상을 할 때 생각의 방향을 정해놓고 미리 알고 있는 게 아니고, 방향에 대한 힌트를 계속 제공함으로써 어떤 방향으로 끌고 갈지에 대해서까지 계속적으로 연상을 하면서 주제에 대한 답을 계속 생각해 내는 방법이다. 시넥틱스법이 대표적이라고 할 수 있다.

(2) 수렴적 사고 기법

수렴적 사고기법은 확산적 사고 기법을 통해서 양적으로 얻어낸 최대한의 생각과 사고 그리고 아이디어를 정리해 나가는 단계에서 활용하는 방법으로, 사고 과정과 다양한 의견 교환 등을 통해서 정제된 하나의 대안을 찾아내는 사고 기법이다.
발산적 사고로 얻어진 다양한 결과를 분류하고 평가하면서 가장 적절한 것을 계속해서 선택해 나가는 작업을 반복한다. 연역법, 귀납법, PMI(Plus-Minus-Interesting), 하이라이팅(highlighting), 역브레인스토밍 등이 이에 해당된다.

2.
창의 사고 기법의 실제 활용

(1) 브레인스토밍(Brainstorming)

브레인스토밍은 알렉스 오스본(Alex F. Osborn)에 의해 개발된 기법으로, 어떤 문제에 대한 구체적인 해결방안을 찾고자 할 때 주변 환경이나 판단을 유보하고 머릿속에 떠오르는 모든 아이디어를 생각해 내게 하는 방법이다. 다시 말해 생각의 양을 우선시한다. 하지만 이 기법을 현업에 적용할 경우 일정한 규칙을 정해놓지 않고 진행하면 브레인스토밍의 활용가치가 떨어지기 때문에 시작 전에 반드시 규칙을 인지시키고 진행하는 것이 중요하다. 각자의 의견을 낼 때 판서를 하거나 포스트잇을 사용하여 벽에 붙이는 방법을 활용하는 것이 좋다.
활용방법은 '문제의 확인 → 집단의 구성 → 규칙 확인 → 문제 확인 → 아이디어 산출 → 아이디어의 평가와 선택의 절차'를 통해서 진행된다. 브레인스토밍을 진행하면서 네 가지 규칙, '비판금지, 자유보장, 질보다 양, 결합개선'을 지키도록 명확히 하는 것이 필요하다. 특히 어떠한 의견에 반대되는 생각을 즉시 이야기하여 비판금지의 규칙을 깨는 경우가 많으므로 이에 주의하도록 한다.

관점더하기+

디자인 사고를 통합 협업에서 지켜야 하는 브레인스토밍 규칙 7가지

첫째, 판단을 미룬다.

둘째, 과감한 아이디어를 장려한다.

셋째, 다른 사람들의 아이디어 위에 덧붙인다.

넷째, 한 가지 주제에 집중한다.

다섯째, 한 번에 한 가지 이야기만 한다.

여섯째, 시각화한다.

일곱째, 양을 우선시 한다.

(2) 브레인라이팅(Brainwriting)

브레인라이팅은 브레인스토밍을 응용한 기법으로, 원리와 규칙은 동일하지만 시끌벅적한 분위기에서 진행되어지는 브레인스토밍과 달리 침묵을 유지하며 개별적으로 아이디어를 종이에 기록하여 서로 돌려보면서 아이디어를 추가해서 아이디어의 양을 늘려가는 기법이다. 다른 사람의 눈치를 보지 않고 종이에만 기록하기 때문에 개인의 사고 능력을 최대한으로 활용할 수 있으며, 기록한 아이디어를 돌려본 후에 아이디어를 다시 추가하기 때문에 산출된 아이디어를 확장하고 개선하는데 유용하다. 수직적인 조직문화를 가지고 있다면 더욱 효과적인 기법이다.

활용방법은 문제의 확인 → 팀 구성 → 규칙 확인 → 문제의 제시 → 아이디어 기록지 작성 → 기록지 제출 → 다른 사람의 아이디어 기록지에 추가 아이디어 기재(반복) → 아이디어 평가 및 선택의 순서로 진행된다.

브레인라이팅을 진행하면서 브레인스토밍의 네 가지 규칙과 함께 '절대 침묵'의 규칙이 추가되어 조용한 분위기에서 작업을 진행하도록 하는 것이 중요하다. 아이디어의 생성 속도가 빠른 참가자가 있을 수 있기 때문에 적절하게 진행하는 것이 중요하다. 기록지를 사용하지 않고 조용한 분위기에서 팀을 다시 소그룹으로 쪼개어 포스트잇에 기록한 뒤 소그룹 단위로 벽에 포스트잇을 구분하여 붙여놓고 산출된 아이디어를 분류 및 평가하여 아이디어를 선택하는 방법을 사용할 수도 있다.

(3) 육색사고모자(Six thinking hats)

육색사고모자 기법은 참가자들이 서로 다른 사고의 유형을 의미하는 '색(色)'으로 구성된 모자를 쓰고 자신이 착용하고 있는 모자의 색깔이 표상하는 유형의 사고를 하는 기법이다. 각 색깔에는 상징하는 것과 사고유형이 정의되어 있으며, 모자의 색깔을 통해서 사고를 제한함으로써 한 가지에 집중할 수 있도록 한다. 색깔이 지시하는 대로 생각을 제시해야 하며, 색깔이 다른 모자를 돌려가면서 착용해봄으로써 여러 측면에 대해 주의를 가질 수 있게 도와준다. 참가자들은 색깔로 구분되는 사고유형을 요구받기 때문에, 아이디어를 산출하고 평가하며 선택하는 것을 상황에 맞게 적절히 사용할 수 있다는 장점을 갖게 된다.

① **백색(Information)** : 본인과 문제들에 대한 사실들만 고려한다. 해결 또는 평가하고자 하는 생각을 정확히 이해하고 그와 관련된 사실을 확인한다.

② **노랑(Benefits)** : 낙관적이며, 모든 일이 잘 될 것이라고 생각한다. 아이디어의 좋은 점, 실행 가능한 이유 등 긍정적 측면을 논리적 근거를 들어 열거한다.

③ **검정(Judgement)** : 논리적으로 비판하거나 장애요인을 밝혀낸다. 노란색과 반대로 아이디어의 나쁜 점, 실행이 불가능한 이유 등 부정적 측면을 논리적 근거를 들어 열거한다.

④ **빨강(Feelings)** : 직관에 의존하고, 직감에 따라 행동한다. 아이디어에 대한 직관적인 느낌, 감정 등을 열거한다.

⑤ **녹색(Creativity)** : 새로운 대안을 찾으려 노력하고, 문제를 다른 각도에서 바라본다. 문제의 해결 아이디어 또는 흥미로운 점을 제시한다.

⑥ **파랑(Thinking and thinking)** : 전체적인 상황을 정의하고 결론을 이끌어낸다. 각 단계에서 모자의 색깔에 맞는 생각을 하도록 통제, 유도하고 도출된 생각들을 종합 검토하여 결론을 내린다.

육색 모자(색깔)	특징과 질문법
백색모자 (정보)	중립적이고 객관적인 사실, 자료, 정보에 기초한 사고 Q : 나는 어떠한 정보를 필요로 하는가? Q : 결정을 하는데 있어서 도움이 될 수 있는 사실은 무엇인가?
노란모자 (혜택)	낙관주의, 긍정적, 밝은 측면에 집중하는 사고 Q : 좋은 점은 무엇이 있는가? Q : 왜 이것이 좋은 것인가?

육색 모자(색깔)	특징과 질문법
검정모자 (판단)	아이디어에 대한 반론, 무엇이 잘못되었는지 검토 및 비판 Q : 이것의 문제가 무엇인가? Q : 있을 수 있는 위험과 문제는 무엇일까?
빨강모자 (감정)	감정, 두려움, 좋고 싫음에 대한 느낌, 직관에 기초한 사고 Q : 이것에 대해 나는 어떻게 느끼는가? Q : 나는 이 아이디어에 대해 무엇이 좋은가?
녹색모자 (창의적 생각)	창의성, 가능성, 대안적, 새로운 아이디어의 산출과 관련된 확산적, 창조적 사고 Q : 어떤 새로운 아이디어가 가능한가? Q : 나의 제안은 무엇인가?
파랑모자 (생각의 반복)	사고과정의 경영과 관계, 전체적인 검토, 요약, 평가 및 결론을 이끌어내는 사고 Q : 어떤 사고(생각)가 필요한가? Q : 모든 생각들을 종합적으로 검토하면? (헤드라인 만들기)

자료출처 : 송광한 역 (1994). 여섯 색깔 생각의 모자 (드보노의 생각하는 힘 1). Six thinking hats. 서울 : 한울

육색사고모자 기법을 활용할 때에는 두 가지 상황에서 색깔의 순서를 달리해서 사용할 수 있다. 아이디어를 생성하고자 할 때에는 '백색 → 녹색 → 노란색 → 검은색 → 빨강색 → 파란색' 순으로 활용한다. 아이디어를 평가하고자 할 때에는 '백색 → 빨강색 → 노란색 → 검정색 → 녹색 → 파랑색' 순서로 진행하면 된다.

(4) 스캠퍼(SCAMPER) 기법

스캠퍼 기법은 대치하기(Substitute), 결합하기(Combine), 동화시키기(Adapt), 수정-확대-축소하기(Modify-Magnity-Minify), 용도 바꾸기(Put to other uses), 제거하기(Eliminate), 재정리하기(Rearrange)의 각 영문 앞 글자를 따서 'SCAMPER'로 표기한 기법이다. 특정 문제에 대해 앞에서 열거한 일곱 가지의 대표적인 질문을 사용하여 사고를 자극하고 새로운 이이디어를 얻는 방법을 사용한다. 주어진 문제를 해결해 나아가는 과정에서 질문의 패턴에 따라 사고를 전개하기 때문에 문제의식을 습관화할 수 있어 아이디어의 생성을 위한 발산적 사고를 해야 하는 상황에서 주로 사용된다. 각 단계별로 아래에 제시한 의문을 가지고 단계적으로 접근하면 된다.

1단계 : 대치하기 (Substitute)
무엇을 다시 사용할 수 있을 것인가?

2단계 : 결합하기 (Combine)

비슷한 것끼리 합치고 섞으면 어떻게 될까?

3단계 : 동화시키기 (Adapt)

조건이나 목적에 맞게 문제를 조절할 수는 없을까?

4단계 : 수정-확대-축소하기 (Modify-Magnity-Minify)

색, 모양, 형태 등을 어떻게 바꿀 수는 없을까?

5단계 : 용도바꾸기 (Put to other uses)

다른 용도로 이것을 사용한다면?

6단계 : 제거하기 (Eliminate)

무엇을 지우고, 없애고 할 수 있을까?

7단계 : 재정리하기 (Rearrange)

어떻게 형식이나 순서, 구성 등을 바꾸어 볼 수는 없을까?

(5) 강제결합법

강제결합법은 눈으로 보기에 전혀 관계가 없는 두 가지 이상의 아이디어나 사물 등을 억지로 관련시킴으로써 아이디어를 산출하는 방식이다. 우리가 가지고 있는 기존의 사고방식으로는 얻을 수 없는 새로운 아이디어를 얻고자 할 때 사용하여 사고활동의 유연성을 높이는 데 도움이 된다. 강제결합법도 발산적 사고를 해야 하는 상황에서 주로 사용된다.

예를 들어, 전혀 다른 단어인 '수박'이란 단어와 '시계'라는 단어를 합친다면 '수박 모양의 시계' 또는 '수박이 깨지면서 알람이 울리는 시계'처럼 강제로 수박의 요소들을 추출하여 시계에 조합한 뒤 현상을 분석하거나 아이디어를 찾아내는 발상 기법이라고 할 수 있다. 강제결합법은 목록표를 작성하고, 강제로 사물이나 대상 또는 단어들끼리 결합시키는 방법을 사용한다.

활용방법은 '문제의 확인 → 임의의 단어 선택 → 단어들의 특성 열거 → 문제와 단어를 강제로 조합 → 아이디어 열거 → 아이디어 평가 및 선택'의 과정으로 아이디어에 대한 판단이나 비판 대신 최대한 다양한 가능성을 여는 기법이다.

3.
디자인 사고 실습 II

(1) 아이디어 내기

✎ 브레인스토밍 준비하기

성공적인 브레인스토밍을 위해 앞서 설명한 규칙을 적어서 가장 먼저 팀원들끼리 모두 보이는 곳에 붙이고 공간의 배치 및 보드의 위치 그리고 팀원들의 자리배치와 이름 등을 그려봅시다.

✎ 워밍업 질문리스트

팀장을 중심으로 참가한 팀원들이 해당 문제나 주제에 대해서 생각할 시간과 여유를 가지게 하도록 워밍업 질문을 발표하도록 한다. 각자의 질문을 적어봅시다.

워밍업 질문들
팀원1
팀원2
팀원3
팀원4
팀원5

워밍업 질문들
팀원6
팀원7
팀원8
팀원9

✎ 위의 질문들 중 어느 주제에 집중할 것인지 정해봅시다.

주제

✎ 우리가 어떻게 하면 (How Might We), 브레인스토밍 질문을 작성해봅시다.

– 질문①

– 질문②

– 질문③

– 질문④

– 질문⑤

관점더하기+

생각이 더 이상 진행되지 않을 경우 생각을 바꾸는 방법

- 제약 추가하기 : 크기가 같다면? 작다면? 시간이 걸린다면? 가능한가? 식의 질문유형으로 생각
- 유명한 브랜드 사용하기 : 만약 나이키에서 이것을 한다면 어떻게 했을까? 식의 질문유형 만들기
- 구체적인 시간 정하기 : 만약 이것을 저녁에 만들었다면? 식의 시간 설정해 보기
- 목표 고객에 맞추기 : 만약 이것이 여자들만을 위한 것이라면? 식의 목표고객 정의해보기

✎ 브레인스토밍 후 가장 흥미로운 아이디어 선택하기

브레인스토밍을 통해 관련된 아이디어를 분야별로 정리하여 모으고 팀에서 가장 좋다고 생각되는 아이디어를 3개 선정하여 아래에 작성해봅시다. 아이디어를 시각적으로 그리거나 한눈에 알아볼 수 있도록 한 후 투표를 실시해봅시다.

– 아이디어①

– 아이디어②

– 아이디어③

✎ 생각 스케치하기

의견 기록

아이디어 다듬기

팀원들끼리 선정한 핵심적인 아이디어가 우리가 해결하고자 하는 목표와 고객 또는 문제해결을 필요로 하는 당사자에게 흥미로운지 생각해봅시다. 이들에게 가장 중요한 가치는? 이것이 목표로 하는 실제 니즈(요구)는? 이와 같은 질문을 가지고 실현 가능성을 확인해봅시다. 작성하면서 힘든 점이나 장애가 되는 사항을 기록해봅시다.

가치/니즈

위의 논의에서 힘든 점/장애사항

✎ 아이디어 다듬기에서 작성한 가치/니즈를 다시 보고 우리가 풀어내고자 하는 사항이나 문제를 해결하고자 하는 사항에 대해 새로운 컨셉을 추가한 후 작성해봅시다.

새로운 컨셉들

✎ 디자인 사고를 통한 창의적 문제해결에 대해 발표하기 위한 아이디어 설명하기

컨셉 이름:

✎ **컨셉에 대한 스케치**

어떻게 작동하는가?

제안한 컨셉이 어떤 니즈 혹은 기회를 해결하는가?

한 문장으로 컨셉 기술하기

이것을 만들거나 사용하는 데 누가 관련이 있는가?

이 아이디어를 개발하거나 적용하기 위해 더 알아야 하는 것은 무엇인가?

통찰/관점

CHAPTER 13.

창의적 문제해결

발표

들어가기

디자인 사고 프로세스의 각 단계를 거쳐서 도출해낸 아이디어를 다른 사람들에게 전달하고 피드백을 통해 그 결과를 공유하는 방법에 대해 알아보자. 자료를 시각화하여 보다 효과적으로 전달하는 방법에 대해서도 살펴보자.

1.

발표하기 전 수행하는 '실험하기'와 '발전시키기' 단계

(1) 실험하기

앞에서 1단계부터 3단계를 거치면서 팀원들끼리 만들었던 여러 종류의 시각화된 자료들을 정리하여 프로토타입(시제품) 또는 비즈니스 제안 모델 등을 참고한다.
실제 발표에 사용할 것을 그려보고 팀원들과 의견교환을 통해 즉석에서 역할이나 여러 동작을 거쳐 결과에 가깝게 접근할 수 있도록 해보자.

TYPE 1

TYPE 2

TYPE 3

✍ 의견 기록

✎ 피드백 받기

우리 팀이 아닌 다른 팀에게 결과를 보여주고 의견을 받아 기술한다.

✎ 피드백 받기

피드백 종합하기

성찰하기

개선할 것들

(2) 발전시키기

✍ 제안하기

발표에서 반드시 다루어야 할 것

공감을 얻은 스토리텔링 요소

청중들에게 물어보고 대답할 내용

이번 작업을 통해 프로젝트에 가장 많이 기여한 사람을 쓰고, 그 이유를 적어보자

이번 프로젝트에 나는 어떤 태도로 임하였는가?

이번 프로젝트를 통해서 내가 배운 것은 무엇인가?

2.
발표 세션

출처 : http://sachachua.com/blog/2014/01/building-habit-of-drawing-with-colours/

(1) 시각적 자료 만들기

디지털 미디어에 익숙한 세대가 학생이 되면서 말로 듣는 것보다 시각적으로 잘 정돈되어 있고 한 눈에 들어오게 자료를 만들어 설명하는 것만큼 중요한 일은 없다. 실제로 기업에서 제품 판매나 설명회 등을 위해 많은 돈을 들여 전문적인 디자이너들에게 발표 자료를 만들어줄 것을 의뢰하는 경우도 늘어났다. 그만큼 고객이나 설명을 듣는 사람들의 눈높이가 높다는 것을 의미하는 것이다. 팀원들끼리 준비한 결과를 시각적으로 표현하기 위해서 사진을 찍어두거나, 인터넷에서 사진자료를 찾아두거나, 또는 그래픽 툴을 이용하여 시각화하는 작업은 필수적이다. 아무리 아이디어가 좋다고 하더라도 시각적으로 보기 좋은 자료가 아니라면 효과적으로 전달되기란 어렵다. 프로토타입을 만들어 내는 과정에 사용할 여러 시각적 자료들을 확보해두도록 하자.

발표에는 마이크로소프트의 파워포인트, 벡터방식의 프레지, 매킨토시에서 사용하는 키노트 등의 프로그램을 활용하여 슬라이드를 만들어 발표하게 된다. 팀원들끼리 논의를 거쳐 가장 잘 활용할 수 있는 응용프로그램을 선택하여 청중들에게 발표할 시각적 자료를 완성하도록 하자.

(2) 발표 스킬

대중 앞에서 연설을 한다는 것은 쉬운 일이 아니다. 영화 '킹스 스피치(The King's Speech)'에서도 영국의 왕이 전쟁을 앞두고 대중 앞에서 연설하는 것에 대해 울렁증과 말 더듬는 것을 고치기 위해 노력하는 과정을 나룬다. 대중 앞에서 말을 한다는 것이 조심스럽고 책임감이 있으며 어려운 과정이란 것을 알 수 있다.
발표는 즉흥적으로 하는 것이 아니고 짜인 순서에 맞추어서 발표시간을 정확히 지키는 것이 중요하다. 효과적인 전달을 통해서 잘 만들어진 팀원들의 아이디어를 청중들에게 전달할 수 있도록 반드시 연습해두도록 하자. 그리고 무엇보다 중요한 것은 디자인 사고의 정수와 동일하다. 바로 청중이 듣고자 하는 것을 발표하라.

(3) 경청하는 태도

내가 앞에서 발표하고 있는데
다른 사람이 듣지도 않고
나를 무시하는 태도로 오직
스마트폰만 보고 있다면
기분이 어떨까요?

경청하는 태도가 모든
의사소통 기술의 기본입니다.

최근 스마트폰 보급이 늘어나면서 무언가에 몰입하고 집중하는 것이 어려워졌다. 게다가 스마트폰을 사용하면서 다른 사람이 이야기를 하는 것을 듣거나 보거나 공감을 해주어야 하는 상황에서도 스마트폰을 보면서 상대방을 무시하는 태도를 보이는 행동이 많아졌다. 이것을 의식하고 고치려는 습관을 가지지 못하면 모든 의사소통기술의 기본이라고 할 수 있는 경청하는 태도를 갖고 공감을 표시하는 기본기를 갖추어야 한다. 만약 그렇지 못한 경우, 학교생활과 조직생활을 할 때, 좋지 못한 인상을 남기거나 조직에 부적응하게 될 개연성이 높다. 다른 사람이 발표하는 내용을 잘 듣고 자신의 생각과 비교해보면서 질문이 있다면 기회를 이용해 질문하는 '경청의 매너'를 반드시 지키도록 하자.

✍ 다른 팀의 발표 내용을 간략하게 적어봅시다.

팀1

팀2

팀3

팀4

팀5

• **팀 과제 평가서**

항목	점 수			근 거
1. 아이디어는 참신합니까?	독창적인	⑨–⑧–⑦–⑥–⑤–④–③–②–①	평범한	
	독특한		범상한	
	창조적인		모방적인	
	새로운		새롭지 않은	
	획기적인		획기적이지 않은	
	기발한		기발하지 않은	
	혁신적인		답습하는	
	굉장한		보잘 것 없는	
	경이로운		경이롭지 않은	
2. 아이디어는 가치가 있습니까?	가치 있는	④–③–②–①	가치 없는	
	중요한		사소한	
	귀중한		대수롭지 않은	
	소중한		미미한	
3. 아이디어는 논리적이고 유용합니까?	조리 있는	④–③–②–①	조리 없는	
	유용한		무용한	
	쓸모 있는		쓸모없는	
	실용적인		비실용적인	
4. 아이디어는 이해가 됩니까?	이해가 가는	⑥–⑤–④–③–②–①	난해한	
	납득이 가는		납득이 안 가는	
	수긍이 가는		수긍이 안 가는	
	알 수 있는		알 수 없는	
	해석 가능한		해석이 어려운	
	판단 가능한		판단이 안 되는	
5. 발표 자료는 보기에 좋습니까?	우아한	④–③–②–①	미운	
	고상한		저속한	
	기품 있는		볼품없는	
	아름다운		추한	
6. 발표 자료는 잘 만들어졌습니까?	잘 만들어진	③–②–①	잘 못 만들어진	
	잘 이루어진		잘 못 이루어진	
	잘 꾸며진		잘 못 꾸며진	
7. 발표 방식은 창의적이었습니까?	창의적인	⑤–④–③–②–①	창의적이지 않은	
8. 발표 내용은 충실했습니까?	충실한	⑤–④–③–②–①	충실하지 않은	

CHAPTER 14.

창의 인재로 거듭나기

들어가기

대한민국 초·중등교육은 창의·인성을 그 목표로 한다. 창의적이면서도 타인을 존중하고 협력할 수 있는 인재를 길러내려고 노력하고 있다. 그러나 창의는 기존의 권위나 방식을 그대로 수용하는 것이 아니라, 그것을 거부하고 다른 관점에서의 새로운 접근을 시도하는 것이기 때문에 갈등을 내포할 수밖에 없다. 예절, 효도, 정직, 책임, 존중, 배려, 소통, 협동의 덕목으로 이루어진 인성과는 다소의 거리감을 가진 속성을 가진 것이 바로 창의다.
더구나 급변하는 환경 속에서 치열한 경쟁은 타인의 창의적 노력을 모방하거나 표절, 심지어 부정행위에 이르기까지 베끼기 문화를 조장하기도 한다. 이 시대가 진정으로 요구하는 창의 인재는 "변화하는 미래 시대에 새롭고 가치 있는 올바른 아이디어로 도전하는 삶", 바른 창의를 실천하는 인재이다.

1.

바른 창의

대한민국 최고 대학인 서울대에서 A+ 학점을 받기 위한 조건을 다룬 EBS의 다큐 프로그램이 있었다. 한국과 외국의 교육 현장을 비교하고 그 차이점을 다룬 이 프로그램은 2015년 겨울, 한참동안이나 주목받았다. 한국에서는 평가의 기준이 소위 시험성적으로 대변되는 학업 성취도라는 지적능력이다. 지식의 위계적 체계를 얼마나 잘 암기하고 있는지에 관심을 둘 뿐, 학생들마다의 다양한 의견 생성이나 이에 대한 공유, 그리고 평가로 이어지는 수업에는 상당히 인색하다. 반면 외국에 있는 학교에서는 토론식 수업을 진행하면서 비판을 수용하고 자신의 의견을 논리적으로 다른 사람들에게 전달하여 설득시키며 서로의 생각이나 의견을 자유롭게 교환하는 방식을 전개한다는 비교 내용이다.

실제로 한국에서는 수용적 사고를 가진 학생이 높은 학점을 받지만, 미국 대학에서는 입학 당시 수용적 사고를 가졌더라도 학년이 높아질수록 비판적 사고를 가진 학생이 우수하다고 인정받는다. 한국 학생들은 리포트를 인터넷 사이트에서 다운로드하여 제출하거나 발표 시 아무런 출처 표기 없이 시각자료를 만들어 사용하는 경우도 흔하다. 미국 학생들의 경우 에세이 작성을 기반으로 자신의 생각을 논리적으로 표현하는 연습이 되어 있으며, '표절은 범죄'라는 인식이 교육을 통해 강조되고 있다. 타인의 지적 창작물이나 지식에 대해 보호하고 이를 존중해야 함을 지속적으로 알리는 것이다.

과거 유명인들의 표절이나 논문조작 사건 등을 뉴스로 접해봤을 것이다. 아무리 사회적으로 존경받고 창의적인 사람으로 평가받는다고 하더라도, 그 창의적 결과물이 정직하지 못하다면 '바른 창의'라 할 수 없다. 이러한 사례는 사회에 기여가 아니라 부정적 성공 신화를 양산하는 것이다. 기업 또한 베끼기(me too) 상품이나 브랜드로 부를 축적한다면, 창의의 싹을 잘라버리는 것과 같다.

✎ 인간이 만든 새롭고 가치 있는 것들이 항상 인간을 이롭게 하는가?

이 문제에 대한 자신의 생각을 적어봅시다.

2.
창의적인 사람은 거짓말을 잘한다

✍ **여러분은 창의적인 사람이 그렇지 않은 사람보다 거짓말이나 부정행위를 더 잘한다는 데 대해 동의합니까? 만약 그렇다면 창의의 어떤 속성 때문이라고 생각하는지 적어봅시다. (동의하지 않는다면 그 근거를 적어봅시다.)**

지난 2012년 〈성격 및 사회 심리학 저널〉에 하버드대학의 프란체스카 기노(Francesca Gino)와 듀크대학의 댄 애리얼리(Dan Ariely)는 '창의성의 어두운 면: 독창적 사고를 가진 사람들이 더 정직하지 않을 수 있다(The Dark Side of Creativity: Original Thinkers Can be more Dishonest)'라는 연구자료를 통해 실제로 창의적인 사람들이 부정직할 가능성에 대해 실험한 연구 결과를 발표했다.

이들은 광고기획사에 다니는 직원들을 대상으로, 창의력을 많이 요구받는 직원일수록 회사 물품을 집에 가져가 쓴다거나 비용정산서를 부풀리는 등 바람직하지 않은 행동을 더 많이 한다는 점을 발견하여 창의력과 부정행위 사이에는 관련이 있음을 추측하였다.

연구자들은 통제된 실험실에서 창의력과 부정행위 간의 연관성을 살펴보았는데, 99명의 참가자들은 본격적인 실험에 들어가기에 앞서 온라인으로 자신의 지능과 창의력을 측정 받고 1주일 후 다시 여러 가지 방법으로 창의력과 지능을 검사하였다. 지능을 평가하기 위한 문항들은 직관적으로 대답할 경우 오류를 범하기 쉬운 것들로 구성되었는데, 정답을 계속 이야기할수록 지능이 높다고 간주되는 방식이었다. 그리고 연구자들은 참가자를 모니터 앞에 앉히고 점들이 무작위로 찍혀 있고 대각선에 의해 두 개의 삼각형으로 분할된 정사각형을 1초 동안 보여주었다. 왼쪽 삼각형 안에 찍힌 점이 많은가, 아니면 오른쪽 삼각형 안에 찍힌 점이 많은가를 순간적으로 판단해서 선택하게 하였다.

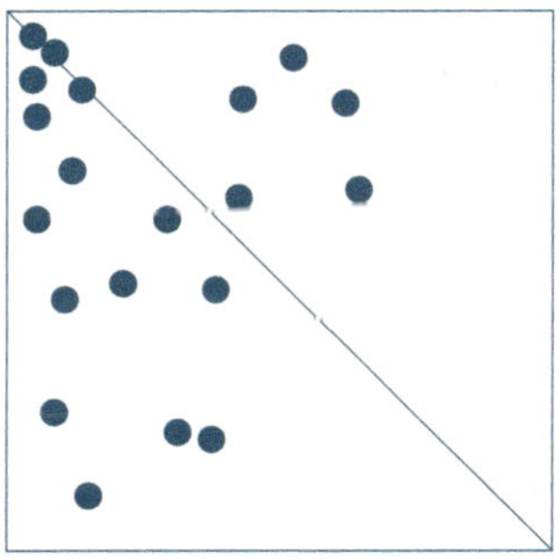

참가자들에게 왼쪽 삼각형을 선택하면 0.5센트를, 오른쪽 삼각형을 선택하면 그보다 10배나 많은 5센트를 주겠다고 말하고 정답이든 오답이든 돈을 그렇게 지급하겠다는 제시하였다. 즉, 부정행위를 유도하는 것이었는데, 참가자들이 돈을 생각하고 오른쪽 삼각형을 선택하여도 괜찮다는 생각을 할 수도 있는 상황에 놓이게 한 것이었다. 돈을 지급하는 실험을 200회 반복시킨 후에 창의력과 부정행위의 관계, 지능과 부정행위와의 관계를 분석했다. 연구 결과, 창의력 점수가 높을수록 부정행위의 빈도가 더 높았으며, 창의력과 부정행위 간에 뚜렷한 '정(+)의 상관관계'가 존재한다는 것으로 결과를 발표하였다. 이 실험으로 창의적인 사람이 부정행위를 저지를 가능성이 높다는 연구의

설계가 맞았다는 것을 증명하였다.

연구자 중 한 사람인 댄 애리얼리는 자신의 저서를 통해 "창의력 덕분에 우리는 까다로운 문제를 해결할 기발한 해법을 생각해낼 수 있지만, 한편으로는 창의력이 있기에 자신에게 유리하게 정보를 재해석하는 식으로 기존의 원칙이나 규칙을 왜곡하기도 한다"고 말한다. 이 실험은 우리에게 창의력 개발을 촉진해야 하지만, 자신의 부정행위를 정당화하려는 유혹을 깨뜨릴 수 있도록 유념해야 하며, 창의도 윤리적이어야 한다는 점을 일깨워주고 있다.

관점더하기+

창의적인 사람들이 거짓말을 잘하는 이유

1. 자신에게 불리한 상황을 납득하지 못하는 자존심
2. 자신에게 유리하게 상황을 해석하고 대안을 만드는 능력
3. 창의력 → 뛰어난 설득력 → 상황 왜곡

ex : 엔론은 역사상 최고의 우수 인재들이 모인 집단.
결과적으로 분식회계를 통해 대중을 속이다가 역사 속으로 사라졌다.

3.
바른 창의의 성공 사례

발전과 혁신을 위해 끊임없이 생각하고 멈추지 않는 열정을 가진 창의는 고정관념을 넘어 흩어져 있던 것들을 연결하여 조합하고 새로운 개념을 만들어내며 다른 사람들이나 자신이 속한 조직에 큰 영향을 미친다. 하지만 바른 창의로 인정받기 위해서는 행동에 앞서 한 번 멈추어 서서 생각하고 목적과 방법이 올바른가에 대해 판단한 후 생각을 실천에 옮기는 것이 필요하다. 그렇지 못할 경우 스스로 쌓은 창의적 업적을 한 순간에 잃을 수도 있다.

미국 대학생들이 가장 존경하는 인물은 조너스 에드워드 소크(Jonas Edward Salk) 박사이다. 소아마비는 장 바이러스의 일종으로 발병 후 10일 이내에 마비가 심해지며 불구가 될 수 있는 질병이다. 미국의 32대 대통령인 루스벨트도 이 질병으로 비공식 석상에서는 휠체어를 타고 다녀야 했다. 한국에서는 1983년 5명의 환자를 마지막으로 2000년에 박멸을 선언하였다. 소크 박사는 자신의 천재성과 의학적 지식을 바탕으로 오랜 노력 끝에 소아마비 백신을 개발하였고 이를 무료로 공개하였다. 사실 대형 제약업체를 통해서 기술을 판매하였다면 막대한 부를 가질 수 있었지만 소크 박사는 그 기

회를 거부하고 개발된 백신이 공익을 위해 쓰여야 한다며 소아마비 퇴치에 기여했다. 자신은 의사와 교수로서 버는 수입만으로 충분하다는 TV 인터뷰를 통해 많은 사람들에게 귀감이 되었다. 아이젠하워 대통령은 그에게 '인류의 은인'으로 기린다며 대통령 자유훈장과 의원황금훈장을 수여했다. 바른 인성을 갖추고 창의적인 글로벌 인재로 성장한다는 것은 소크 박사의 사례처럼 지역적이고 세계적인 문제 해결을 위해 능동적으로 생각하고 공유하며, 협동을 통해 새로운 관점을 가지고 창의적 문제해결을 통해 사회를 발전시켜 나가는 것이다.

✎ 올바른 창의란 무엇입니까? 창의에 바름이 필요한 이유를 적어봅시다.

권정언
Jung-Eon Kwon, Ph.D.

이화여자대학교 교육심리학과를 졸업하고 동대학원 교육공학과에서 석사, 중앙대학교 대학원에서 인적자원개발정책학으로 박사 학위(Ph.D)를 받았다. PSI컨설팅, 한국생산성본부에서 교수 설계자로, CJ그룹 인재원에서 컨설팅팀, 글로벌역량팀 팀장으로, CJ건설과 CJE&M에서는 인재개발파트장으로 역할을 수행하였다.
현재 중부대학교 학생성장교양학부 부학부장이자 원격대학원 진로직업컨설팅학과 학과장을 맡고 있으며, 한국기업교육학회, 한국성인교육학회, 한국비서학회, 한국리더십학회 이사와 환경부 자문위원, 근로복지공단 자문교수로 활동 중이다.

신현종
Hyun-Jong Shin.

동국대학교 대학원에서 인적자원개발 박사과정을 수료하였으며, 페어링HR 대표이자 중부대학교 전 겸임교수, 숙명여대 여성인적자원개발대학원 전 강사, 한국생산성본부 전임강사로 활동하였다.
기업에서 인사 실무를 담당했으며, NCS 국가 직무 능력 표준 채용 설계, 직업 기초 능력 문제 출제 위원으로 활동했으며, 한국기업교육학회 이사를 맡고 있다.
전국의 대학, 기업체, 공공기관에 출강하며, tbs 서울교통방송, 한국직업방송, 한국경제TV에 출연해 커리어 및 HR과 관련한 내용으로 방송 활동을 하고 있다.

새로운 관점을 디자인하라 Creative Visualizer

2016년 3월 14일 초판 1쇄 발행
2020년 3월 10일 초판 9쇄 발행
지은이 권정언, 신현종
발행인 진욱상
발행처 백산출판사
디자인 (주)꽃을담다
주소 경기도 파주시 회동길 370(백산빌딩 3층)
전화 02-914-1621(代)
팩스 031-955-9911
출판등록 1974.1.9. 제406-1974-000001호
홈페이지 www.ibaeksan.kr
전자우편 edit@ibaeksan.kr

저자와의 합의하에 인지첩부 생략

가격 10,000원
ISBN 979-11-5763-182-7 93190

이 책의 인세는 지은이의 저술기부로 지급되지 않습니다.
이 책의 판권은 지은이에 있습니다.
이 책 내용의 전부 또는 일부를 재사용하려면 반드시 서면 동의를 받아야 합니다.